2022 年河北省社会科学基金项目：高职院校"产学研创赛"协同
项目批准号：HB22JY016

产教融合引领校企协同育人的
理论研究与路径探索

康冬宁　高霞　梁婧　著

辽宁大学出版社 Liaoning University Press｜沈阳

图书在版编目（CIP）数据

产教融合引领校企协同育人的理论研究与路径探索/
康冬宁，高霞，梁婧著. --沈阳：辽宁大学出版社，
2023.10

ISBN 978-7-5698-1382-1

Ⅰ.①产…　Ⅱ.①康…②高…③梁…　Ⅲ.①高等学
校－产学合作－研究－中国　Ⅳ.①G640

中国国家版本馆 CIP 数据核字（2023）第 155585 号

产教融合引领校企协同育人的理论研究与路径探索
CHANJIAO RONGHE YINLING XIAO QI XIETONG YUREN DE LILUN YANJIU YU LUJING TANSUO

出　版　者：辽宁大学出版社有限责任公司
　　　　　　（地址：沈阳市皇姑区崇山中路66号　　邮政编码：110036）
印　刷　者：河北万卷印刷有限公司
发　行　者：辽宁大学出版社有限责任公司
幅面尺寸：170mm×240mm
印　　　张：14.75
字　　　数：210千字
出版时间：2023年10月第1版
印刷时间：2023年10月第1次印刷
责任编辑：张　蕊
封面设计：高梦琦
责任校对：张宛初

书　　　号：ISBN 978-7-5698-1382-1
定　　　价：88.00元

联系电话：024-86864613
邮购热线：024-86830665
网　　　址：http://press.lnu.edu.cn

前　　言

在经济全球化不断深入发展、科技发展水平突飞猛进的今天，教育和产业之间的关系日益紧密，而这种关系的深度和广度也在随着时间的推进而持续拓展。产教融合、校企协同育人已成为我国当下高等教育特别是高等职业教育改革的关键词，也是培养高素质技术技能人才，推进产业结构升级的重要途径。因此，深入研究和探索产教融合引领下的校企协同育人理论和路径无疑具有重要的理论意义和实践价值。本书旨在通过理论探索与实践研究，解答产教融合如何更好地引领校企协同育人，以及如何构建更符合产业发展需求，更能满足社会对高素质技术技能人才需求的育人模式。

随着社会经济的发展和科技进步，职业教育面临重大的挑战和机遇。一方面，产业转型升级对人才培养提出了更高的要求，需要职业教育培养出更具实战能力和创新精神的应用型人才；另一方面，教育模式和理念发生了深刻变化，产教融合、校企协同育人作为教育创新的重要途径，越来越受到教育工作者和社会各界的关注。

本书以产教融合为视角，以校企协同育人为切入点，旨在构建一种新的职业教育模式，使教育更好地服务产业，以期培养出更符合社会需求的高素质技术技能人才。本书不仅深入探究了产教融合的理论基础，还详细分析了我国产教融合的发展历程，并指出了新时代产教融合面临的机遇与挑战。在此基础上，本书详尽阐述了校企协同育人的内涵与特征，提出了校企协同育人的内容与原则，并对校企协同育人的类型与模式进行了深度剖析。同时，本书分析了产教融合背景下校企协同育人的理论依据，并明确了产教融合背景下校企协同育人的目标，对校企协同育人主体的地位与作用进行了深入的解读。在实践路径的探索方面，本书全面讨论了产教融合引领校企协同育人的路径，包括更新人才培养理念、完善课程体系建设、优化教学方法与手段、科学构建评价体系和打造高水平实践基地等环节；全面讨论了产教融合背景下校企协同育人保障体系的健全，包括完善政策制度保障体系、提升师资队伍建设水平、创新学生组织管理模式。本书最后一章则通过详尽的案例分析，深入挖掘了我国多所高校产教融合、校企协同育人的实践经验，希望能为读者提供更加丰富和直观的参考。总而言之，本书对产教融合引领校企协同育人的理论与路径进行了全面且深入的阐述。在此，笔者希望本书能成为产教融合研究领域、校企协同育人研究领域的学者和教育工作者的一份重要参考资料，为我国职业教育的改革与发展助力。

鉴于笔者水平有限，书中难免存在一些不足，敬请各位同仁及专家、学者斧正。

目　　录

第一章 产教融合概述

第一节　产教融合的内涵与优势

一、产教融合的概念

产教融合既是一种教育理念，也是一种办学模式，相对于其他较为成熟的教育学理论，其提出时间相对较晚。它最早是由高等职业院校根据自身人才培养特点提出的构想，这种构想由于符合职业人才培养的需求，受到国家和社会的普遍重视，并作为一种人才培养理念被纳入教育改革和发展的体系中。从人才培养过程看，产教融合指的是生产活动与教育活动的融合；从人才培养主体的角度看，产教融合指的是学校与企业之间的充分合作。

近年来，我国有关产教融合的研究日益增多，相关主题的发文量迅速增长。我国学者对产教融合的研究主要集中在以下几个方面：关于产教融合模式的研究、关于产教融合人才培养模式的研究、关于产教融合制度保障的研究，以及关于产教融合动力机制的研究。他们通过对产教融合各环节及组成要素的研究，从不同角度对产教融合的概念进行了剖析，提出了不同的观点。

虽然学术界对产教融合的概念没有较为统一的观点，但是人们可以根据产教融合的发展历程与具体内容对其概念有一个总体的认知，即产教融合就是将教育与实践充分结合，通过学校与企业之间的深入合作，培养高素质技术技能人才，实现学生、学校与企业共同发展的一种人才培养模式。

二、产教融合的内涵

（一）产教融合是一种理念与模式

产教融合作为重要的现代教育理念，其本质是一种人才培养的理念与模式，而非某种特定的教学方法。它强调在教育过程中，把产业需求与教育培养紧密地结合在一起，以实现教育与产业的双向互动和相互促进。

将产教融合视为人才培养理念是因为它强调教育应以满足社会和产业需求为导向，而非孤立地进行知识的传授。这种理念主张教育应紧密地与社会实际相结合，以培养出能够解决实际问题、适应社会发展需求的人才。这种理念的实现需要教育工作者深入理解社会和产业的需求，将这些需求融入教育过程，以实现教育的社会化和实践化。

把产教融合理解为人才培养模式是因为它强调教育的目的并非仅仅是传授知识，而是以适应和服务产业发展为导向，培养出具有实际操作能力和创新思维的人才。在这种模式下，学生的学习不再局限于课堂和教材，而与现实生活尤其是产业实践紧密联系。这种紧密的联系使得学生能够在学习中获得实践经验，增强实践能力和解决问题的能力。

（二）产教融合的核心是校企深入合作

产教融合的核心是学校教学与企业生产的有机结合，是一种建立在校企充分合作之上的人才培养模式。产教融合的核心价值观在于将教育实践与实际产业需求紧密结合，其理念根植于校企之间的全面合作基础之上，以此作为培养具有实践能力和创新精神的人才的重要途径。

从一种更宏观的角度理解产教融合，产教融合不仅是一种教育方式，更是一种社会发展的必然趋势。这种趋势的出现是由于社会经济的快速发展，社会对高素质人才的需求日益增大，而传统的教育方式已经无法满足这种需求。因此，产教融合应运而生，它将教育与产业联系起来，使得教育更能够符合社会发展的需求。

在产教融合模式下，学校和企业之间的联系不再仅仅是简单合作，而是一种有机结合。学校需要从企业获取最新的行业信息和技术需求，并将这些信息和需求融入教学，使教学内容更加贴近实际，更具有针对性。反过来，企业也需要从学校获取新的人才和技术，以满足其发展需求。这种双向、有机的结合，使得教育和产业能够相互促进，共同发展。

（三）产教融合强调实践的重要性

产教融合重视对学生实践技能的培养，但这并不意味着它侧重边缘化理论知识的学习，反而它强调理论知识与实践能力的融会贯通。作为一种独特的人才培养模式，产教融合与传统教育模式的显著差异之一在于对实践活动的深度关注和全面重视。产教融合的核心理念是学术知识和理论的掌握并不是教育的终极目标，而是一个为更高层次的实践活动做准备的过程。这种理念改变了将知识视为一个静态的、可以被传授的传统教育理念，而更加重视知识的运用，以及在实践中产生的新知识。同时，产教融合为学生提供了一个将理论知识转化为实践技能的机会，使他们能够在实践中体验到知识的价值，增强他们的学习动力和求知欲望。这样，学生不仅能够掌握知识，还能够学会运用知识，提高自己的创新能力和解决问题的能力。

（四）产教融合是多主体、全方位的发展模式

产教融合的成功实施不仅关乎学生的发展，还能促进多方主体的全面发展和协同进步。它提供了一个独特的机会，使学校、企业和学生得以在互惠互利的基础上共同进步。产教融合模式下的教育与生产过程不再是分离的，而是紧密联系的，可以共享资源，共享成功。

在产教融合模式下，学校可以获得重新定义其教学模式的机会，提

升其办学水平。这种模式提供了一种新的视角，使学校能够从开展独立的教学活动转向与企业合作的实践活动。这种转变为学校提供了优化教学模式、提高办学质量的可能性，对提升学生的实践能力具有重要意义。

对于企业来说，产教融合提供了一种新的人才培养方式，使其可以直接参与到人才培养过程中，从而获得所需的人才。这样，企业就可以依靠自身的智力资源和人才资源来优化生产结构，创新生产模式，提升市场竞争力。此外，企业也可以通过这种模式将其专业知识和经验传授给学生，从而培养出具有专业技能和实践经验的人才，这对于企业来说是非常有价值的。

三、产教融合的优势

产教融合从提出到被人们普遍接受，经历了一个从无到有、从模糊到具体的过程，这符合事物发展的一般规律，也符合教育理念从萌芽到成熟的发展规律。产教融合不是学校与企业在具体的人才培养环节建立合作关系，而是要求学校与企业形成全面、良好、稳定、持久、深层次的合作关系，通过产教深入融合，在提升人才培养质量的同时，提升学校的办学水平，并帮助企业更好地发展。产教融合的人才培养主体有两个，分别是学校与企业。学校与企业可以通过产学研一体化及校企合作实现人才培养目标，进而实现校企双方的共同发展。这种双主体育人的人才培养模式在高素质技术技能人才培养方面具有得天独厚的优势。

产教融合对学生、学校和企业三者的发展大有裨益，是一个多方共赢的机制。对于学生来说，产教融合可以帮助学生在学习理论知识的同时提升实践能力，更加全面地发展，能为以后的就业提供良好的保障。对于学校来说，产教融合创新了学校的教学模式，将理论与实践充分结合，帮助学校提升了人才培养质量。对于企业来说，产教融合可以为企业提供专业对口、具备一定实践经验的高素质技术技能人才。企业与学校之间的深入合作，还能保证人才供应的持久性，有利于企业的进一步发展。

产教融合涉及大量的岗位实习与实践技能训练，而且不同于高校传统的实习模式，其经过校企双方的综合研究和专门设计，具有很强的针对性，符合学生的发展需求及社会对人才的需求，能使学生将所学知识充分运用到实践当中，并通过实践深化对理论知识的理解。

从区域发展的层面看，产教融合还能促进地方经济增长。产教融合与职业教育人才培养十分契合，而我国职业院校一般是地方性的，办学的重要目的之一就是服务地方，为社会培养高素质人才，促进地方经济发展。我国职业院校以就业为导向，培养高素质技术技能人才，这也正是产教融合发展的目标。

第二节　产教融合的功能与作用

一、有利于提升学生的创新能力，并为工读结合创造条件

产教融合有效地推动了教育与产业之间的紧密结合，进一步提升了教育教学的质量与实效性，有利于学生创新能力的培养，并为工读结合创造条件。

当前的教育环境越来越强调实践和创新能力的培养，尤其是对于职业教育来说，它需要培养出既具备理论知识，又具有实践能力的创新型人才。在这个背景下，职业院校开始引入并推广产教融合模式，鼓励学生参与到学校兴办的专业产业中，使他们在学习理论知识的同时，能够参与到实际的生产或经营活动中，从而实现知识和技能的有机结合。这种模式使学生能够在实践中将理论知识应用到具体的工作场景中，不仅加深了他们对专业知识的理解，也提高了他们解决实际问题的能力。在这个过程中，学生的创新意识、创新能力也进一步得到了提升。当学生

能够将自己所掌握的知识与技能应用于实践，并产生实际效果时，他们就会对自己的学习有更强烈的信心和热情，从而不断探索和创新。这种探索和创新不仅仅体现在技术层面，更体现在他们对问题的认识、思考方式以及对未来的规划上。可见，产教融合对学生创新能力的培养有着非常重要的作用，它为学生提供了一个将知识应用于实践，实现个人价值的平台，从而激发了学生的创新精神和创新能力。

产教融合对促进学生工读结合也有重要的推动作用。在产教融合模式下，学生得以在学习专业知识的同时参与到学校兴办的专业产业中，从而实现工读结合。在这一过程中，他们不仅能够深化对专业知识的理解，提升实践能力，还可以获得一定的经济报酬，从而为他们未来的职业生涯打下坚实的基础。

二、有利于提高教师的业务水平

产教融合模式在提升教师的业务水平方面同样具有独特的优势。尽管当前职业院校教师有丰富的专业知识，但他们在应用知识和实际操作能力方面仍存在一定的不足。这在一定程度上阻碍了职业教育质量的提升。随着职业院校实习基地的设立和专业产业的兴办，教师有了参与实践、提升实际操作能力的条件和机会。在实际工作中，教师可以将理论知识与生产实践相结合，把教学与科研相结合，这无疑有利于提高教师的业务素质，进而提高教学质量。

产教融合模式为教师提供了一个接触和理解实际生产环境的平台。教师能够参与到学校兴办的专业产业中，了解工作流程，掌握专业技术，提升实际操作技能。这种环境使教师有机会将理论知识应用到具体的实践中，深化对专业知识和技术的理解，提升自身的教学能力和水平。产教融合模式还鼓励教师开展科研。在生产实践中，教师可以发现并解决实际问题，这对他们开展科研，提升科研能力具有重要的推动作用。这样，教师可以通过科研活动不断探索新的教学方法，强化教学效果，促进学生的学习和成长。

产教融合模式对教师队伍的专业化和实践化发展具有非常重要的促进作用。通过参与到学校兴办的专业产业中，教师可以了解并掌握更多的专业知识和技术，提升他们的专业素质和技能。这样的经历也将帮助教师更深入地理解学生的需求，进而提供更有效、更切合实际的教学方案。同时，教师的实践经验能够提升他们的问题解决能力，促进他们的创新思维和批判性思维的发展，使他们更好地为学生的个人成长和职业发展做出贡献。

此外，教师在产教融合模式下的工作经历也将对他们的教学理念产生深远影响。他们将更加认识到实践教学在职业教育中的重要性，更加注重将理论教学与实践教学相结合，更加关注培养学生的实践能力，从而提升自身业务水平，更好地满足教育工作的需要，更好地服务学生。

三、有利于促进地方经济繁荣发展

产教融合作为一种有效的教育模式，对于推动地方经济的繁荣和发展具有显著的作用。这主要表现在以下几个方面：

（1）通过产教融合模式培养出的学生在完成学业后会成为具有较强技术能力和管理能力的专业人才，他们的存在将大大提高地方劳动力的素质，进而推动地方经济的繁荣发展。一方面，这些学生在学校的专业产业中积累的实践经验和技术能力，使他们能够快速适应社会工作环境，有效地推动企业和社会的发展；另一方面，他们在学校学习期间，通过实践活动积累的社会经验和人际关系，也将为他们未来的职业生涯打下坚实的基础。

（2）通过产教融合模式，职业院校能够为地方经济发展提供政策建议、找准战略方向。因为职业院校的教师和学生都在接触实际的生产和经营活动，他们对地方经济的发展态势和问题有着深入的理解，他们的研究和分析可以为地方政府的经济政策的制定提供有益的参考。

四、有利于促进职业教育健康发展

校企协同育人在职业教育中的运用最多，职业教育作为一种以就业为导向的教育形式，其目标是培养能够满足生产、建设、管理和服务第一线需求的高技能人才。通过这种教育形式培养出的人才应具有鲜明的职业性、技能性和实用性。在这个要求下，"产教融合，校企一体"的培养思路显得尤为重要，它能够将职业教育与实际的产业需求相结合，从而更好地满足社会对技术型人才的需求。

产教融合有助于更精准地设定职业教育的目标。根据产业的实际需求，职业学校可以根据岗位群对人才的知识、能力、素质的需求来设定教学目标和制订教学计划，从而保证职业教育的内容与社会的实际需求相符合，提高教育的有效性和针对性。同时，通过与企业的紧密合作，职业院校可以及时获取产业的最新信息，从而保证教育内容的及时性和前瞻性。

产教融合可以为职业教育提供丰富的实践资源。通过与企业的合作，职业院校可以为学生提供实习的机会，让他们在实际的工作环境中学习和实践，从而提高他们的实践能力和适应能力。同时，企业参与其中，职业院校可以得到更多的教学资源，包括教学设备、教学材料等，从而提高教学质量。

第三节　产教融合相关理论概述

一、马克思主义"两种生产"理论

马克思主义的两种生产理论中的两种生产指的是构成人类社会存在和发展基础的物质资料生产和人类自身生产。人类进行物质资料生产是为了不断取得自身生存必需的生活资料；人类自身生产是为了维持自身的生存和繁衍，实现人类自身的延续。

首先，产教融合是一种人才培养模式，其本质是教育活动，因而具有一般教育活动所具有的"人的智力培育与再生产"功能，不仅强调对物质资料生产的直接贡献，更重视对人类自身生产的深远影响。产教融合广泛应用于职业教育之中，能够通过培养和提升劳动者的专业素质直接促进物质资料生产。从物质资料生产的角度看，产教融合强调教育与生产领域的无缝对接，意味着教育活动不仅要重视知识的传授，更要注重生产技能的培养。这实质上提升了教育对物质资料生产的直接服务能力，使教育成为推动物质资料生产的重要力量。在此过程中，学习者不再是被动接受知识的对象，而是主动参与到学习与生产活动中，通过实践锻炼技能，提高素质，实现自我价值。同时，通过产教融合，企业能更好地根据自身的生产需要，参与到人才培养的全过程，从而培养出真正满足生产需求的高技能人才。

其次，产教融合对人类自身生产同样具有重要的促进意义。因为人的生产活动不是独自完成的，而是通过与其他主体之间的密切配合所形成的。在产教融合的实践中，学习者不仅学习专业知识和技能，也学习如何在社会关系中发挥自己的作用，如何建立和维护良好的人际关系。这种对社会关系的重视、对人的全面发展的关注实质上是对人类自身生产的强调和尊重。通过产教融合，学习者能够更好地理解和把握自己在社会生产关系中的地位，更好地认识和实现自我。广泛应用于职业教育当中的产教融合正是要建立这种人与人之间合作的职业关系，且横跨教育与生产两个领域，因而其既具备一般教育活动的属性和作用，又具备支持生活资料生产与社会关系生产的独特作用，是符合马克思主义两种生产观点的优秀人才培养理论成果。

产教融合并非一蹴而就的过程，它需要职业院校以更开放的心态去面对教育和生产的关系，以创新思维去探索教育和生产的融合可能。这种开放和创新的精神正是马克思主义对人的全面发展的关注，对自由和平等的追求的体现。在这个意义上，产教融合不仅是一种人才培养模式，也是对马克思主义两种生产理论深度实践和生动展示的桥梁，其以独特的教育视角和实践路径强化了教育活动在物质资料生产和人类自身生产中的战略地位和作用。

对于学生个体来说，产教融合模式的实施，是对个体的自我实现的重视和支持。在此过程中，学习者不仅可以通过具体的劳动实践得到专业技能的提升，还能提高社会交往能力、团队合作精神和创新意识。这既满足了社会和企业对人才的需求，也有助于个体自身的全面发展。

产教融合模式也对社会关系的形成和发展起到了积极的推动作用。在产教融合的实践中，学校、企业和学习者形成了一种新型的合作关系。这种关系包括学习者与学校之间的关系、学校与企业之间的关系、企业与学习者之间的关系。在这种复杂的社会关系网络中，每个主体都在不断地调整自己的角色和地位，寻求最佳的合作和发展策略。这无疑是对人类自身生产的一种深度实践。

二、黄炎培的"大职业教育主义"

（一）"大职业教育主义"概述

中国近代职业教育的创始人黄炎培将毕生精力奉献给了中国职业教育，其教育思想对中国职业教育的发展具有重要的指导意义和促进作用。黄炎培对中国当时的教育现状进行了充分的调研，并对国外教育进行了考察，在此基础上探寻到了中国教育发展的出路，即加强切合人们生产生活实际的职业教育。

黄炎培不仅大力提倡开展职业教育，还对职业教育人才培养的模式不断进行探索。他在1926年提出"大职业教育主义"的办学方针，认为职业教育不能局限于教育活动本身，要将职业人才培养、教育活动与各行各业充分结合在一起，共同开展人才的培养，这是"大职业教育主义"

的基本内涵。黄炎培的职业教育办学方针，具有深刻的社会化内涵。他将职业教育的目标、组织、方式与社会需求相联系，这是他对职业教育社会化内涵的深入阐释。

（二）"大职业教育主义"的具体内涵

首先，黄炎培的职业教育办学方强调办学宗旨的社会化。他认为，职业教育不仅仅是培养技能的途径，更是促进社会进步的重要手段。教育的目标不应仅停留在知识的传授和技能的培养上，而应该更深入地探索如何通过教育活动，引导学生形成符合社会需求、能够积极投身社会实践的职业意识和职业能力。这种以职业为目的的办学宗旨实质上是在强调教育的应用性和实践性，这是职业教育社会化的关键所在。

其次，黄炎培的职业教育办学方针强调培养目标的社会化。黄炎培对职业教育的培养目标给出了全新的阐释。在黄炎培看来，专业知识的传授和技能的培养是职业教育的基础，是确保个体能够适应职业角色需求的基本条件。然而，仅有专业知识的传授和技能的培养远远不足以满足社会对人才的需求。因此，他主张职业教育应当向更高的目标迈进，即培养学生良好的职业道德和社会责任感。职业道德不仅涉及工作态度和行为规范，也包括对社会公益、对他人权益的尊重和维护，以及对职业精神的追求和坚守。这种职业道德的培养，使得学生在掌握专业技能的同时，能够理解并践行职业道德的要求，成为职业领域的道德典范。社会责任感的培养则意味着职业教育除了要满足个体的职业需求外，更重要的是培养出能够主动回应社会需求，积极推动社会进步的人才。这种社会责任感的培养开阔了学生视野，使他们能够从社会的角度思考问题，关心社会的发展，积极参与社会的建设。

再次，黄炎培的职业教育思想充分考虑了社会的需求和学生的实际情况，因而他强调办学组织的社会化。这种职业教育思想的体现就是将学校的专业设置、年限、课时和教学安排都与社会需求和学生实际相结合，明确职业教育的导向性，即教育的目标不应是抽象和静止的，而应随社会的发展变化而变化。只有这样，职业教育才能真正满足社会发展的需求，为社会输送真正所需的人才。这种导向性的教育思想也体现在了对学生的尊重上。黄炎培明白，每个学生都有自己的个性和需求，因而教师在教学过程中应该根据学生的实际情况灵活调整教学方法，以提高教学的针对性和有效性。这也是职业教育社会化的重要表现。

最后，黄炎培的职业教育办学方针强调办学方式的社会化。在他看来，职业教育的办学方式不应局限于传统的教学模式，而应充分利用社会各个方面的力量，以达到教育的社会化。他的这种观点明确了教育与社会的紧密联系，为职业教育的发展提供了新的思路。黄炎培的这种办学方式具有较强的现实意义。他主张的这种办学方式突出了教育与社会实践的紧密联系，强调了教育活动的社会性，使教育活动不再是封闭的、孤立的，而是与社会的各个领域紧密结合，实现了教育活动与社会实践的有机融合。黄炎培主张的这种办学方式也为职业教育的发展提供了新的方向，即职业教育应该充分利用社会中的各种资源，实现教育的社会化。这种办学方式不仅能够调动社会中的各种资源，更能够使教育活动与社会实践更加紧密地结合起来，推动了职业教育与社会的互动和融合，使得职业教育既能从社会中获得生机和动力，又能为社会提供有力的支持和服务。

总而言之，黄炎培"大职业教育主义"的职业教育办学方针对我国职业教育人才培养模式的形成与发展具有重要的意义，该办学方针不再将人才培养的主体具体到学校和工厂，而是强调多主体共同参与到人才培养的过程中，学生在学中做、在做中学，使自身的知识与技能体系更加贴合社会发展的需要。由此可见，在这一时期，我国职业教育产教融合的思想就已经开始形成。黄炎培强调的社会化办学方式使得职业教育不再是孤立的，而是与社会发展紧密联系的，为职业教育的发展提供了广阔的空间，使职业教育既能满足社会的需求，又能为社会的发展提供有力的支撑，对当代产教融合育人的新实践具有重要的指导意义。

三、陶行知的教学做合一理论

（一）教学做合一理论的内涵

我国近代著名的教育家、思想家陶行知毕生致力于教育事业，他不仅创立了完整的教育理论体系，还进行了大量教育实践。陶行知反对以"四书五经"为主要教学内容的儒家传统文化教育，主张使教育服务民生。陶行知主张使职业教育成为公民的一项普惠性权利，并将改造社会、改造生活与发展职业教育充分结合起来。

职业教育需要贴近人们的生产生活，受教育者需要在生活中接受教育，并将教育的成果应用于生活之中，而不是脱离生活与具体的社会实践去谈教育。职业教育是一种源于生活和为了生活的教育，职业教育的人才培养目标需要从生产生活的实际需要出发来制定，职业教育的人才培养过程对生产活动也具有较强的依赖性。而职业教育能够为社会生产活动提供大量的高素质技术技能人才，促进生产，改善人们的生活。

在陶行知看来，职业教育必须与生活紧密结合在一起。他在充分研究国内外教育的基础上提出了三大教育理论："生活即教育""社会即学校""教学做合一"。其中，"教学做合一"对发展教育提出了具体的路径与措施。在该理论中，陶行知认为"做"是核心，主张在做中教、做中学，即从教师的角度来说，做便是教，从学生的角度来说，做便是学，教、学、做三者在人才培养中应该是相互促进、相互融合、浑然一体的。

陶行知的教学做合一理论对我国职业教育的发展具有重要的指导意义，其对"做"的重视体现了产教融合的思想。当前，我国强调不断深化产教融合，目的正是培养和提升学生的实践能力，避免培养出来的学生只会纸上谈兵，缺乏实践能力。

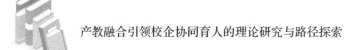

（二）教学做合一理论的特点

1. 生活性

教学做合一理论强调教育是生活的一部分，生活是教育的载体，两者在任何情况下都是相互交织、相互融合的。只有理解并接受这种生活与教育的关联，教师才能充分发挥教育的作用，强化学生的创新意识，提升学生的实践能力。

在陶行知的教育观中，知识的获取并不仅限于学校，也不仅仅通过教师的教授。教育发生在人们生活的每一个角落，它存在于人们生活中的点点滴滴。人们通过实践可以获得新的灵感，这些灵感再指导人们的实践活动。在这种循环反复的过程中，人们可以获取知识。

教学做合一理论是对传统教育方式的重大突破，它将教育从书本中解放出来，将其融入生活中，让教师在做中教，让学生在做中学，实现了教学做合一。该理论强调，教育不再是单纯的知识传授，而是一个促进学生全面发展的过程。

2. 互动性

在传统的教学模式中，教师常常占据着主体地位，整个教学过程往往围绕教师展开，学生只是被动地接受教师的知识传授。这种"一言堂"的教学方式往往忽视了师生间的语言和情感交流，使得教师与学生之间缺乏互动，不能将学生很好地引入教学活动中，真正成为课堂教学的深度参与者。

在现代教育理念下，学生在教学过程中的主体地位愈发受到重视，教师不仅要成为知识的传授者，更要成为学生学习的引导者和辅助者。陶行知的教学做合一理论符合这一要求。该理论要求教师与学生互动，不仅在课堂上与学生进行交流，还应在课下与学生进行知识的讨论和交流。通过这种方式，师生可以在思想上进行交流和碰撞，从而促进双方的共同进步和发展。

陶行知的教学做合一理论是对教育过程的深度理解和全面把握。它从学生的角度出发，理解学生的需求和困惑，尽力提供最符合学生需求的教学方式。这种方式不仅强调知识的传授，更注重学生的全面发展，通过师生互动，促进学生主动学习，激发学生的学习兴趣，使学生在学习过程中享受学习的乐趣。

3. 实践性

陶行知的教学做合一理论强调实践性的重要性，认为学生是在实践活动中获取知识，并在实践中进一步检验所获得的知识是否正确。该理论提出，实践活动与理论知识是紧密联系、不可分割的两部分，教育的发展离不开实践活动的指导。因此，知识的传授应与实践活动的开展紧密结合，以让学生在做中学，提高学生的实践能力。

在教学做合一理论指导下，教师在教学中应创设生活情境，引导学生融入具体的生活情境中，并通过生活中的具体事例启发学生思考。这样做不仅能使学生更深入地理解知识，还能提高他们的实践能力。

教学做合一理论说明对知识的理解和掌握并不是孤立的，而需要在实践中得到理解和掌握，强调实践的重要性。在这个过程中，学生不仅学到了知识，还掌握了如何运用知识去解决实际问题的能力。

第四节　国内外研究综述

一、国内研究综述

近年来，国内关于产教融合的研究日益增多。2017 年后，相关主题的发文量呈现爆发式增长。笔者在 CNKI 数据库中以"产教融合"为主题进行检索，共得到 7 150 篇期刊文章。2019 年 6 月 10 日后，新增文献为 1 850 篇。产教融合的发文机构大多集中于长江三角洲地区的高职院校和北京、天津、上海的科研单位。产教融合的研究以人才培养模式、产教融合模式、产教融合制度保障、产教融合动力机制方面的研究居多，研究方向由教育链、人才链持续向产业链深入，呈现四链融合的趋势。

1. 关于产教融合人才培养模式的研究

吴海东认为，高职院校的专业教学在产教融合视域下面临着诸多问题，如专业教学标准与职业技能标准的匹配度低、专业课程体系与职业岗位（群）的契合度低、专业教学模式无法适应产教融合的人才培养模式要求等。他从专业目标、教学内容和教学模式三方面提出相应对策，以化解专业教学无法适应产教融合要求的尴尬。[①] 常晓宇从课程设置、支持保障、师资力量等方面论述了高职院校创新创业教学改革面临的困境，基于产教融合的视角提出相应对策，即构建多层次的教学模式、创建多元化的课程体系、打造完善的教育实践平台、增加"双师型"教师数量。[②] 周波、杨晓蝶认为，高等职业教育实践教学管理存在目标定位模糊、软硬件保障不足、教材内容单一、校企协同不畅、考核评估不合理等问题，提出在产教融合视野下，应该建立清晰的目标体系、完善的保障体系、合理的考核体系等。[③] 张艳、刘军通过对北京联合大学与苏宁集团尝试"1+X"证书的教学模式的梳理，验证了"1+X"证书模式对产教融合的意义。[④] 程静、蒋丽华通过对重庆支柱产业的发展现状的调研，发现重庆市目前的专业建设与支柱产业的人才需求出现供需不均衡的现象，从而提出了产教融合视域下优化全市高职教育专业设置的建议。[⑤] 杨品红、石彭灵、罗玉双等通过人才培养方案制订、教师队伍建设、课程体系设置、实习实训平台建设等方面来加强应用型本科水产专业转型

① 吴海东.高职教育教学改革的现实困境与实现路径[J].教育与职业，2019（22）：80-84.

② 常晓宇.基于产教融合的高职院校创新创业教育教学改革[J].教育与职业，2019（21）：76-80.

③ 周波，杨晓蝶.产教融合视野下高等职业教育实践教学管理探析[J].教育与职业，2019（20）：90-92.

④ 张艳，刘军.高等职业教育课程嵌入"1+X证书"的教学模式探索与研究[J].商业经济研究，2019（21）：179-182.

⑤ 程静，蒋丽华.产教融合趋势下重庆市高职教育专业对接支柱产业优化探究[J].教育与职业，2019（22）：39-44.

的人才培养体系建设。① 郑雪飞认为，地方应用型高校的专业教育要从产教融合的视角提升教学认识、改善实习环境、建设有效的评价体系。② 刘平雷、赵倩、周林立足应用型人才培养，基于三螺旋理论，从顶岗实践的现状出发，寻求产教融合育人模式的构建途径，探索产教融合专业学位研究生教育的发展路径。③ 秦凤梅将研究的重点放在产教融合质量评价体系的构建上，通过对职业教育产教融合育人模式的深刻剖析以及对大量实践案例的研究，设计出了符合新时代应用型人才培养特征的产教融合质量评价体系与运行机制。④

2. 关于产教融合模式的研究

产教融合模式有多种类型，其中以产业集群为主。产业集群可以有效地降低校企双方的沟通成本、加强校企双方信任、深化企业之间的深度分工、促进区域品牌的建立等。霍丽娟认为，建立一个多维协同产教融合生态系统需要遵循知识生产新模式特征，聚焦产教融合命运共同体建设，着力构建对接产业发展的专业集群，突出产教融合网络集群优势。⑤ 郑彬总结了广东产业集群的五种产教融合模式，分别为直接与知名企业开展校企合作的深圳模式、突出校协合作的广州模式、重视产学研协同创新的顺德模式、强调校镇对接的珠三角模式，以及以产业园为产教融合载体的园区模式。⑥ 郑彬从产业集群角度分析产教融合的优势与

---

① 杨品红，石彭灵，罗玉双，等. 产教融合水产专业转型人才培养体系构建及实践 [J]. 实验室研究与探索，2019，38（10）：214-217.

② 郑雪飞. 产教融合背景下地方应用型高校音乐专业实习教学研究 [J]. 教育理论与实践，2019，39（30）：61-62.

③ 刘平雷，赵倩，周林. 产教融合专业学位研究生教育的理论与实践 [M]. 南京：河海大学出版社，2022：1-6.

④ 秦凤梅. 职业教育产教融合质量评价探索 [M]. 重庆：重庆大学出版社，2021：2-5.

⑤ 霍丽娟. 基于知识生产新模式的产教融合创新生态系统构建研究 [J]. 国家教育行政学院学报，2019（10）：38-44.

⑥ 郑彬. 广东产业集群环境下职业教育产教融合模式探析 [J]. 中国高校科技，2019（4）：69-73.

障碍，并提出地方政府运用经济手段和市场机制配置教育资源、激励集群企业参与职业教育，以推动集群区域产教融合的深入发展。[①] 戴素江、王振洪、张雁平等提出，通过以专业为纽带的需求对接机制、以网络为通道的平台共建机制等方式，尝试建立高职院校与产业集群之间的流动机制。[②] 黎鲲在《高职院校产教融合模式及其评价机制》一书中，立足高职教育，对产教融合与校企合作的机制建设、平台建设、教学革新以及质量评价体系建设进行了全面研究，深入探索了适应当今时代的产教融合新模式。[③]

3. 关于产教融合制度保障的研究

近年来，国家发布了多项文件来加强产教融合的实施力度，各省相关部门也发布了促进产教融合的相关文件。然而，如何打通政策的"最后一公里"，制度实施是关键，制度保障对深化产教融合有着至关重要的作用。目前，关于产教融合制度保障的研究相对前沿，在知网和万方数据库中以"制度"和"产教融合"为关键词搜索出来的文献皆为最近两年的成果。李晓通过创设校企双方的劳动制度环境、构建产教融合分类指导制度等，解决了解企业主体作用发挥不全、职业院校无法适应企业需求等问题。[④] 曹晔梳理了中华人民共和国成立以来在计划经济和市场经济背景下产教融合的发展，为产教融合动力机制的研究提供了市场方面的制度参考。[⑤]

---

① 郑彬. 产业集群环境下职业教育产教融合的优势、障碍与对策 [J]. 教育与职业，2017（22）: 20-26.

② 戴素江，王振洪，张雁平，等. 高职院校与企业集群互动机制研究 [J]. 高等工程教育研究，2015（5）: 157-162.

③ 黎鲲. 高职院校产教融合模式及其评价机制 [M]. 西安: 陕西人民教育出版社，2022: 1-5.

④ 李晓. 职业教育产教融合实施的关键问题及制度环境创设 [J]. 职教论坛，2019（8）: 32-36.

⑤ 曹晔. 新中国成立 70 年来职业教育产教融合制度的变迁与展望 [J]. 教育与职业，2019（19）: 19-25.

4.关于产教融合动力机制的研究

国内产教融合动力机制的研究相对薄弱，近年来才呈现较明显的增长趋势。邱晖、樊千将产教融合的顺利实施和可持续发展的动力机制看作由各主体利益平衡机制、相关制度保障机制以及多渠道经费投入机制三个部分的共同体，需要通过寻求校企利益的契合点、完善管理和保障制度、建立多元化投入机制来进一步深化产教融合。[①] 卢美圆运用耗散结构理论分析高职院校产教融合的动力因子，认为这些动力因子分别是内涵发展驱动力、内部资源支撑力、教育理念影响力、政策导向推动力、企业需求牵引力、办学之间的竞争压力，由此提出需要健全开放合作机制、完善资源优化配置机制、健全要素融合机制等。[②] 张旭刚从利益相关者的视角，将政府、职业学校、行业企业、学生四者的利益博弈关系视为农村职业教育产教融合实践活动的核心动力机制，认为应该通过以下四类机制来保障农村职业教育的产教融合：动力生成聚合机制、一主多元共治机制、利益平衡调节机制、动力系统保障机制。[③] 刘耀东认为，产教融合中为缓解企业逻辑和学校逻辑之间的冲突，需要建构良好的合作运行机制。[④] 深化产教融合过程中牵涉多方利益相关者的跨系统合作，其合作成效取决于内外部主体的参与动力。陈磊、朱庆卉、刘厦从产教融合利益相关者的角度出发，分析权威利益相关者、紧密利益相关者、核心利益相关者和边缘利益相关者的不同利益诉求，从制度设计、利益获得、资源配置和教育情怀等方面挖掘利益相关者的参与动力，从而构

① 邱晖，樊千.推进产教深度融合的动力机制及策略[J].黑龙江高教研究,2016(12)：102-105.

② 卢美圆.基于耗散结构理论的高等职业教育产教融合动力机制研究[J].教育与职业，2016(20)：11-14.

③ 张旭刚.乡村振兴战略下农村职业教育产教融合发展动力机制研究[J].教育与职业，2019(20)：19-26.

④ 刘耀东.产教融合过程中企业逻辑和学校逻辑的冲突与调适[J].国家教育行政学院学报，2019(10)：45-50，95.

建以多元共治理念为引领的制度完善机制、利益协调机制、资源共享机制和教育情怀培育机制，在深化产教融合的过程中促使各利益相关主体在对话与竞争、协商与合作中实现共治共赢。① 徐骁立足"双高"时代，从多个方面探索高职院校产教融合发展的动力机制，灵活调整产教融合方案，积极实施有效路径：构建长效机制，实现互利共赢；坚持多元化评价，健全动态监测机制；寻求产教需求双向精准对接，保障合作的长期性和稳定性。② 关宏、马亚林基于协同理论，分析产教融合动力机制的内涵，对当前职业教育产教融合动力机制运行中存在的问题进行分析，并提出切实可行的解决方法和优化策略。③ 孙云飞、张兄武、付宝川根据产教融合的内涵和特征，研究制约地方高校产教融合动力不足的原因，探索构建基于"理念共识、利益共赢、资源共享和制度共建"的产教融合动力机制。④

二、国外研究综述

国外产教融合的研究起步较早，美国、德国、澳大利亚等国家均形成了成熟的产教融合制度，形成了政府、行业工会、学校、企业合作办学的办学机制、校企合作的资金分配机制、资源共享机制。其中，美国产教融合的研究以社区学院的合作教育和五年一贯制科技高中为主，德国以"双元制"研究为主，澳大利亚的产教融合主要集中于 TAFE 学院的研究。三国的产教融合研究主要集中于人才培养模式、产教融合模式和产教融合动力机制方面。

---

① 陈磊，朱庆卉，刘夏.利益相关者视角下深化产教融合动力机制研究 [J].当代职业教育，2023（2）：42-50.

② 徐骁."双高"时代高职院校产教融合的动力机制与发展路径 [J].山西青年，2023（2）：39-41.

③ 关宏，马亚林.职业教育产教融合动力机制优化策略研究：以协同理论为例 [J].教育信息化论坛，2022（9）：81-83.

④ 孙云飞，张兄武，付保川.地方高校"产教融合"动力机制的构建研究 [J].教育探索，2021（1）：39-43.

第二章　我国产教融合的发展概述

第一节　我国产教融合的基本特征

产教融合是一种深层次的校企协同育人理念，在产教融合理念的指导下，校企之间无论从合作广度还是合作深度上看，与传统的校企合作相比，都有很大的进步。具体来说，产教融合的基本特征如图 2-1 所示。

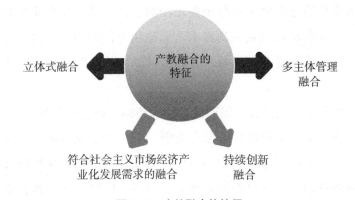

图 2-1　产教融合的特征

一、立体式融合

从组织形态和融合层次上看，产教融合是一种立体式融合，与平面式融合相对应。平面式融合指的是校企双方作为两个相对独立的个体，在具体的领域展开合作，各取所需，其合作面比较狭窄，一般是具体的项目或者环节，除合作的领域外，校企之间并无过多的交集，这种合作模式广泛存在于浅层次的校企合作之中。

作为立体式融合，产教融合则是一种更高层次的学校与企业间的合作模式，是一种学校与企业之间深入合作的发展模式，无论从合作内容的广度还是深度看，产教融合都是传统的校企平面融合所不能比拟的。

（一）合作领域更广

从合作的领域看，产教融合打破了原有的学校与企业间有限项目合作的局限，涉及的合作领域非常广泛，是一种学校与企业之间的全面合作。产教融合不仅包括校企共同组织和开展人才培养活动，还包括校企双方在科研创新、教师培训、信息共享等方面的合作。

产教融合是高等教育改革的重要方向，是应用型人才培养的重要手段，其本质是通过深化学校与企业之间的合作关系，提高职业教育的质量和效率，以满足社会发展的需求。无论从合作的模式、内容还是参与的主体、方式等角度看，产教融合涵盖的领域的广度都远超传统的校企合作。

产教融合不仅包括教学层面的合作，还涵盖研究和开发、知识转移、企业家教育、学生就业指导等多个方面。学校和企业共同参与课程的设计和制定，学生在实际的工作环境中获得教育和培训，这样既可以提高学生的就业技能，又可以提高企业的竞争力。同时，学校和企业之间的密切合作有助于知识和技术的转移，推动区域经济发展。

产教融合模式还涉及教师的培训和发展。教师可以通过参与企业的实际工作，了解最新的行业动态和技术发展，强化教学的实效性和针对性。同样，员工也可以通过参与学校的教学和科研活动，提高自身的知识水平和技能，进而提升企业的竞争力。

（二）合作更加深入

从合作的深度看，在产教融合的理念下，校企双方深入融合，在产、学、研三个方面进行全面、深入的合作，形成了深层次的校企合作组织，这种深层次的校企合作组织自身同时具备教育、科研与生产的功能。首先，作为人才培养的主体，学校与企业充分发挥自身的教育资源优势，将理论教学与实践训练充分结合，提升了人才的培养质量。其次，学校可以通过系统的人才培养模式为企业提供源源不断的高素质技术技能人才，为企业创造更多的经济效益。最后，校企合作组织具备科研创新的能力，可以为生产活动提供源源不断的智力支持，促进生产结构的优化升级。产教融合深入发展后形成的校企融合组织，使得产、学、研有机融为一体，形成一个良性的循环发展体系，发挥出了更大的社会作用。

二、符合社会主义市场经济产业化发展需求的融合

（一）社会主义市场经济产业化发展概述

社会主义市场经济产业化发展强调在社会主义市场经济条件下，某一产业或多个产业通过市场机制进行协调和优化配置，以实现经济效益和社会效益的双重目标。这一过程需要在市场需求导向下，依托科技创新和产教融合的策略，优化产业结构，提高产业水平，形成特色鲜明、竞争力强的产业体系。

社会主义市场经济产业化发展体现了社会主义市场经济的本质属性，那就是在以公有制为主体、多种所有制经济共同发展的基础上，以市场为手段调节经济活动。产业化发展不仅要追求经济效益的最大化，也要注重社会效益的实现，强调经济效益与社会效益的统一。这就要求产业发展应坚持科学发展观，注重环境保护，实现经济、社会和环境的和谐发展。

产教融合的目的是为社会主义市场经济建设提供高素质的人才，因而人才的培养必须符合社会主义市场经济产业化发展的需求。社会主义市场经济产业化发展要求产教融合的组织方式面向市场需求，做到产、学、研协同发展，在充分观察和分析市场发展规律的同时，根据市场需

求制订学生培养计划，规划课程教育体系，根据社会主义市场经济的发展指向培养人才。

（二）产教融合要符合社会主义市场经济产业化发展的需求

当今，产业发展日新月异，特别是新兴产业，其内容与发展模式都随着时代的发展不断丰富、变化。这就要求产教融合根据社会主义市场经济产业化发展的实际情况开展人才培养活动，使培养出的人才符合市场的需求，不滞后于产业的发展。

与此同时，学校应充分发挥科研优势，实现理论与技术创新，为企业生产的优化升级提供智力支持。学校还应该与企业共同开展市场调研与行业发展分析，根据市场研究情况确定或改变企业的发展战略，帮助企业根据市场指向进行生产活动，并源源不断地为企业提供适合不同岗位的高素质技术技能人才。

综上所述，符合社会主义市场经济产业化发展的产教融合方式可以使学校培养的人才符合社会主义市场经济产业化发展的需求，使企业的发展符合社会主义市场经济产业化发展的方向。

三、多主体管理融合

产教融合是一个庞大、复杂、系统的育人工程，涉及学校、企业、政府等多个主体，这些主体间的关系以及形成的组织结构对产教融合具有决定性的影响。要实现产教融合的目标，保证产教融合的高质量发展，必须实现多主体管理融合。

（一）各主体地位明确

主体地位的明确是产教融合成功的前提。在传统的校企合作中，企业往往是学校的附属角色，参与度较低。而在产教融合中，企业应逐步转变为主导角色，参与到人才培养的各个环节中。这种转变不仅体现了社会主义市场经济发展的趋势，也符合教育发展的方向。企业应树立主人翁意识，承担起育人的责任，同时学校应发挥自身在理论知识传授和技能培养方面的专业优势，与企业形成互补关系。

（二）各主体权利与义务相对明晰

产教融合实践需要明确各主体的权利和义务。在产教融合中，各主体的权利和义务不仅要明确，还要实现平衡。学校、企业、政府等主体都是产教融合的重要参与者，它们的权利和义务关系对产教融合的运行有关键影响。比如，企业有权力参与到人才培养的全过程中，有权利对人才培养计划进行审查和建议，也有义务为学生提供实习机会，参与学生的就业指导等；学校则有权利在保证教育质量的前提下，依据社会需求和企业需求调整课程设置，也有义务在人才培养过程中提供优质的教育资源，确保教育质量。

（三）运行机制科学合理

产教融合的运行机制应科学、合理。产教融合涉及学校、企业、政府等多个主体，它们的关系错综复杂，需要通过科学的运行机制进行调控。这一机制应当保证各主体之间的权利和义务均衡，也应保证各主体互利互赢，形成良性的协同发展机制；这一机制应体现公平、公正、透明的原则，防止某一主体的利益被侵害，使各主体平等地共享产教融合的成果。

在产教融合过程中，政府的角色也不能被忽视。政府是产教融合的监管者和服务者，需要通过出台相关政策，为产教融合提供有力的制度保障和服务支持。例如，政府可以通过财税优惠政策，鼓励企业参与到人才培养的过程中；通过立法，明确产教融合中各主体的权利和义务，防止权力滥用；通过制定和完善相关的行业标准，推动产教融合的规范化发展。

四、持续创新融合

创新是引领发展的第一动力。任何事物若想高质量发展，就必须引入创新的元素。产教融合作为一种人才培养理念，亦是如此。产教融合的持续发展关键在于创新，无论在人才培养理念上，还是在人才培养模式上，产教融合模式都需要不断创新，这样才能实现突破与发展，才能使培养出的人才更好地适应新时代社会主义建设的需求。

（一）产教融合本身就是创新的成果

产教融合是教育领域的一种创新模式，它的出现打破了传统应用型人才培养的固有模式，实现了教育与社会实践的深度结合。在这个新的模式中，学校不再是人才培养的唯一主体，企业也被纳入人才培养的体系中，双方共同承担人才培养的任务，形成了一种全新、有机的人才培养模式。

首先，产教融合实现了教育主体的创新。在传统的人才培养模式中，学校是人才培养的唯一主体。而在产教融合模式中，企业也成了人才培养的主体。企业具有丰富的实践经验和行业背景，对市场需求有着敏锐的感知，能够根据实际需求培养出适应市场的人才。这种主体的创新不仅打破了传统的教育模式，也让人才培养更加符合实际需求。

其次，产教融合实现了教育模式的创新。在产教融合模式中，理论知识的传授与实践技能的训练并不是分开的，而是紧密结合在一起的，形成了一种全新、有机的人才培养模式。理论知识的传授能帮助学生掌握专业知识，提高理论素养；而实践技能的训练，让学生在实际操作中锻炼技能，提高实践能力。这种模式，既关注学生的理论学习，也重视学生的实践训练，让学生在理论与实践中找到平衡，能够培养出既懂理论又善实践的复合型人才。

（二）产教融合需要不断创新

1. 产教融合模式需要不断创新

从厂校结合到产教结合，再到产教融合，这个过程中的每一次转变都代表了新的理念和新的尝试。例如，从浅层次的校企合作逐步发展到深层次的校企合作，在这个过程中，教育的角色和位置都有所调整。在浅层次的合作中，企业可能只是提供一些实习机会，或者参与一些课程的设计。但在深层次的合作中，企业可能会参与到教育的决策层面，如课程设置、教育资源的分配等。这种深度的合作，使得教育更加贴近实际，更能满足行业的需求。

2. 产教融合育人方法需要不断创新

产教融合还需要在实践中不断创新育人方法，并以此来应对教育环境的变化，满足社会的需求。随着科技和社会的发展，教育环境不断变化。例如，互联网的普及和信息技术的发展，为教育提供了新的平台和工具，这就要求产教融合能够利用这些新的工具进行教学和管理。例如，学校可以利用网络平台，打造线上课程，让学生随时随地学习；学校也可以利用数据分析工具来评估教学效果，为教学改进提供依据。

3. 产教融合的发展需要创新理念的支撑

产教融合是一个复杂的系统，涉及众多的参与主体和各种不同的因素。因此，产教融合需要创新思维的支撑，以使人们适应和更好地应对这些复杂情况。创新的思维方式可以帮助人们从不同的角度去看问题，找到新的解决办法。

4. 产教融合育人实践需要持续创新

创新并不是一蹴而就的过程，而是需要持续探索和尝试，因此，我国的产教融合育人实践始终处于一个持续的创新过程之中。在产教融合中，学校要立足实践，不断尝试新的模式、新的方法，以期找到最适合的育人方式。这种持续的创新精神是加深产教融合的重要驱动力。只有不断创新，才能使产教融合保持活力，才能使培养出的人才适应不断变化的环境，满足社会的需求。

第二节　我国产教融合的发展历程

一、厂校结合阶段

学校教育与生产实践相结合的育人理念在近代就已经产生并获得了一定的发展，主要表现为厂校结合的办学模式。鸦片战争在打开中国国门的同时，让国人清楚地认识到了落后就要挨打的道理，中国的近代民族工业就是在这种背景下艰难起步，不断摸索着前进的。造船业是这一时期中国工业的代表。

1866年，经左宗棠奏请，清政府在福州设立求是堂艺局，并于1867年将其改名为船政学堂。船政学堂是中国第一所近代海军学校，也是中国近代航海教育和海军教育的发源地。船政学堂的授课内容十分广泛，不仅教授造船、航海、地理、外语、机械、物理等知识，还教授具体的技艺，培养技工。船政学堂的学生不仅需要系统学习理论知识，还要在工厂中熟悉各种机械的构造细节与操作技巧。可见，船政学堂的授课模式已经有了理论教学与实践训练相结合的影子。

军事工业对民用工业的发展具有带动作用。随着中国军事工业的发展，民用工业也随之迅速发展起来，而工业的发展需要大量懂得机械操作的技术人员，因而依附公司或企业的实业教育开始逐步兴起。实业教育对实业的依赖性较强，其人才培养注重具体操作技能的训练，这在一定程度上导致了理论知识教学的缺失。至民国初期，职业学校开始逐渐脱离实业企业，自主开设工厂、实验室、农场等实践场所，使人才培养体系更加科学、合理。

中华人民共和国成立后，企业成为职业教育的主导力量。1950年，周恩来在全国高等教育会议中指出，为了便于联系实际，适应建设的需要，由企业部门举办短期训练班或专科学校是必要的、合理的。在这一时期，专科学校的教学内容和课程应该按照企业的发展需求来设置，学校专业课程的兼职教师则由企业主管部门指定的技术人员担任。1958年，毛泽东在《工作方法六十条（草案）》中指出，一切中等技术学校和技工学校，凡是可能的，一律试办工厂或者农场，进行生产，做到自给或者半自给。学生实行半工半读。自20世纪50年代至20世纪80年代中期，中国的职业学校广泛开展半工半读的人才培养模式，校办工厂在全国各地涌现。

二、产教结合阶段

20世纪80年代中期以后，伴随着企业的改革，职业教育改革的步伐也逐渐加快。1991年，《国务院关于大力发展职业技术教育的决定》指出："各类职业技术学校和培训中心，应根据教学需要和所具有的条件，积极发展校办产业，办好生产实习基地。提倡产教结合，工学结合。"此后，中央又发布了一系列文件，进一步确立了中国职业教育"产教结合、校企合作"的办学模式。

2002年，随着大部分行业院校交由地方政府管理，校企合作面临着新的发展形势，也迎来了新的发展契机。同年，《国务院关于大力推进职业教育改革与发展的决定》发布，鼓励企业积极参与职业教育，提倡多种形式联合办学。2004年后，为了进一步促进产教结合，提升校企合作的水平，国家又接连发布了一系列文件，目标更加明确，内容更加具体。例如，2004年发布的《教育部等七部门关于进一步加强职业教育工作的若干意见》就明确提出建立行业职业教育咨询、协调机制。2005年发布的《国务院关于大力发展职业教育的决定》则提出促进职业教育教学与生产实践、技术推广、社会服务紧密结合的要求。2009年，教育部发布的《教育部关于加快推进职业教育集团化办学的若干意见》则强调了职业教育集团化办学的重要意义，并提出应该积极探索职业教育集团化办学的有效模式，加快推进职业教育资源的共建共享。

在政策的支持和引领下，我国职业教育校企合作不断发展，不但在人才培养上取得了显著的成果，而且校企合作模式不断得到丰富，校企合作逐渐深入，我国职业教育逐渐从产教结合向产教融合迈进。

三、产教融合阶段

自 2010 年以来，推进和深化产教融合成为职业教育校企合作发展的主题。2010 年 7 月，《国家中长期教育改革和发展规划纲要（2010—2020年）》正式发布。该纲要强调"双师型"教师培养的重要性，并要求职业院校与企业协调配合，探索教师培养的新方式，共同开展"双师型"教师的培养，同时给予职业院校更多的用人自主权，使其可以聘任社会上优秀的专业人才和技术人员担任专兼职教师。总而言之，国家鼓励学校与企业不断丰富教师队伍建设的路径，为产教融合提供高质量师资队伍的保障。2013 年，中共十八届三中全会通过《中共中央关于全面深化改革若干重大问题的决定》，进一步明确了加强职业教育"双师型"队伍建设的重要性，强调"双师型"教师队伍的建设是产教融合发展的重中之重。

2014 年，国务院印发《国务院关于加快发展现代职业教育的决定》，要求进一步深化产教融合，完善校企合作办学有关法规和激励政策，鼓励行业和企业举办或参与举办职业教育，并强调了企业在职业教育中的主体作用。2015 年 7 月，教育部发布的《教育部关于深化职业教育教学改革全面提高人才培养质量的若干意见》为产教融合的具体形式和内容指明了方向，强调要继续深化校企协同育人，强化行业对教育教学的指导，推进专业教学紧贴技术进步和生产实际，有效开展实践性教学。2016 年，中共中央印发《关于深化人才发展体制机制改革的意见》，强调要改进人才培养支持机制，创新人才教育培养模式，完善产学研用结合的协同育人模式，建立产教融合、校企合作的技术技能人才培养模式。

在人才培养的主体上，该文件强调要促进企业和职业院校成为技术技能型人才培养的"双主体"，开展校企联合培养试点。

2017年10月18日，习近平同志在党的十九大报告中指出，完善职业教育和培训体系，深化产教融合、校企合作。2017年12月，国务院办公厅印发《国务院办公厅关于深化产教融合的若干意见》，要求促进教育链、人才链与产业链、创新链有机衔接，强化企业的重要主体作用，推进产教融合人才培养改革，促进产教供需双向对接，完善政策支持体系，使产教融合成为推进人力资源供给侧结构性改革、新形势下全面提高教育质量的发力点。

2019年11月，教育部等十四部门联合印发《职业院校全面开展职业培训促进就业创业行动计划》提出，支持职业院校敞开校门，面向社会广泛开展培训，推动学历教育与培训相互融合、相互促进；坚持统筹资源、协同推进；加强部门之间统筹协同、产教之间融合联动，形成共同推进职业培训工作合力。2020年，教育部等九部门印发《职业教育提质培优行动计划（2020—2023年）》，指出要深化产教融合、校企合作，强化工学结合、知行合一，健全德技并修育人机制，完善多元共治的质量保证机制，推进职业教育高质量发展。

中共中央办公厅、国务院办公厅于2021年印发《关于推动现代职业教育高质量发展的意见》，教育部等八部门于2021年印发《职业学校学生实习管理规定》等。通过对这两个文件的研读我们可以发现，新时代有关职业教育产教融合的政策延续了以往政策的精神，在持续强调职业教育和产业统筹融合的前提下，更加关注制度的完善性、配套性和操作性，更注重政策的具体实施层面，并致力构建全新的共建共享、开放合作机制。2023年，国家发展改革委等八部门联合印发《职业教育产教融合赋能提升行动实施方案（2023—2025年）》，该方案是为贯彻落实党的二十大精神和党中央、国务院有关决策部署，按照《关于深化现代职业教育体系建设改革的意见》《国家职业教育改革实施方案》有关要求，坚持以教促产、以产助教，不断延伸教育链、服务产业链、支撑供应链、打造人才链、提升价值链，加快形成产教良性互动、校企优势互补的产教深度融合发展格局，持续优化人力资源供给结构，为全面建设社会主义现代化国家提供强大人力资源支撑制订的方案。该方案由国家发展改革委、教育部、工业和信息化部、财政部、人力资源社会保障部、自然资源部、中国人民银行、国务院国资委于 2023 年 6 月 8 日印发实施。该方案明确了 2025 年国家产教融合试点城市达 50 个左右、在全国建设培育 1 万家以上产教融合型企业等一系列目标，并强调统筹解决人才培养和产业发展"两张皮"的问题，推动产业需求更好地融入人才培养全过程，持续优化人力资源供给结构。

随着我国产教融合的不断推进以及国家政策的支持，我国大量的高校与企业深入开展产教融合，不断探索产教融合的新模式，取得了显著的成果，培养出了大量高素质技术技能人才，为我国经济发展和社会建设提供了人才的保障。

第三节　我国产教融合在新时代面临的机遇与挑战

一、我国产教融合面临的机遇

（一）数字化和信息化技术的进步

21 世纪，数字化和信息化的进步为产教融合提供了全新的机遇。随着互联网和新一代信息技术的迅猛发展，大数据、云计算、人工智能等新兴技术被广泛应用于各领域，其中包括教育领域。这些新兴技术的广泛应用，无疑将对教育领域产生深远的影响，其中最明显的变化表现在教学内容、教学方式、教育评估等方面。

信息技术的发展使得教学内容发生了较大的变化。在传统的教育模式中，教学内容源于教材，主要依赖教师的讲解。而在信息技术的推动下，教学内容可以通过多种方式获取，如在线课程、网络资源、社交媒体等，这些都为教学内容的丰富和更新提供了可能性。同时，这些新兴技术也为教学内容的实时更新、个性化定制和跨界整合提供了可能性。

信息技术的发展极大地改变了教学方式。传统的教学方式以教师授课为主，这种方式的主要问题在于教师和学生之间的互动有限，教学效果的评价主要依赖考试和作业。然而，在信息技术的推动下，教学方式也在发生变化，如翻转课堂、在线学习、远程实践教学等新的教学方式开始被广泛应用。这些新的教学方式更加注重学生的主动参与和自我学习，使学生在教学过程中能够更加深入地理解和掌握知识，从而强化了教学效果。

信息技术的发展也改变了教育评估的方式。传统的教育评估方式主要是考试，这种方式的主要问题是对学生长期发展的关注不足，特别是不利于对学生能力的全面评价，对于产教融合来说更是如此，因为产教融合本身在教学内容与教学组织形式上与传统的专业人才培养模式有很大的区别。然而，在信息技术的推动下，教育评估的方式也在发生变化，如在线测试、动态跟踪、学习过程记录等新的评估方式开始被广泛应用。这些新的评估方式更加注重学生能力的全面提升和长期发展，为教师提供了更为丰富和详细的学生学习数据，使得教师能够更加精准地了解学生的学习状况，进而进行有针对性的教学。

另外，信息技术的发展还为产教融合提供了更大的空间和可能性。首先，通过在线教育、远程实践教学等方式，企业可以更加便捷地参与到教育过程中，使得教育更加贴近实际，更加符合企业需求，这无疑将提高教育质量。其次，新兴技术为学生在学习过程中获得更实质性的体验提供了可能。通过在线实践、虚拟实验等方式，学生可以在学习过程中深入接触和理解产业，这无疑将提高学生的实践能力，激发起创新意识。最后，信息技术的发展为学校教育提供了新的机遇，如大数据技术可以帮助学校更好地理解产业需求，制订更为合适的教育方案；人工智能技术可以帮助学校进行个性化教学，强化教学效果。

（二）产业结构的变化和新兴产业的崛起

在全球范围内，产业结构正在经历深刻的变革。科技的进步和经济的发展使一系列新兴产业崛起，如高端制造业、新能源、生物技术、人工智能等领域，这些领域对高素质技术技能人才的需求日益增强。与传统产业相比，新兴产业更加注重人才的创新能力和实践技能，这为产教融合提供了新的机遇。

新兴产业的快速发展，要求育人主体必须紧跟时代步伐，优化教学内容，改革教学方式，以更好地适应产业的发展需求。在这种背景下，产教融合的重要性更加明显。产教融合可以使教育更加贴近实际，提升学生的实践技能，提高他们的创新能力，这有利于满足新兴产业对人才的需求。

产教融合模式的推广和应用将有助于育人主体更好地对接新兴产业，理解其对人才的需求，以此为依据，调整教学内容和教学方式，使之更加符合产业需求。同时，产教融合模式能为学生提供更多实践机会，使他们在实践中学习和成长，提高自身的技术能力和素质，更好地满足新兴产业的需求。产教融合模式还可以帮助育人主体更好地与新兴产业进行合作，共享资源，这对育人主体的发展也具有重要的意义。例如，育人主体可以利用企业的资源进行教学和研究，而企业可以通过育人主体得到高素质技术技能人才，这种合作方式将有助于双方的发展。

产业结构的变化和新兴产业的崛起为产教融合提供了新的机遇。在未来，随着新兴产业的进一步发展，产教融合将在更多的领域得到应用，培养出更多符合产业需求的人才。因此，职业教育机构要抓住这个机遇，积极推动产教融合模式的推广和应用，以更好地服务新兴产业。

（三）良好的政策环境

新时代，产教融合获得了前所未有的政策支持。我国政府对产教融合的重视程度日益提升，从国家层面出台了一系列的政策措施，为产教融合的推进提供了政策保障。这种良好的政策环境无疑大大增强了学校和企业推进产教融合的信心，也为产教融合提供了更多的可能，推动了产教融合在我国的广泛实施和深入发展。

我国对产教融合的支持主要体现在以下几个方面：首先，制定了一系列相关政策，鼓励学校与企业进行深度合作，推动教育与产业的深度融合。这些政策为学校与企业的合作提供了指导和支持，推动了产教融合的深入发展。其次，我国政府出台了一系列财政支持政策，为产教融合提供了强大的资金支持。这些政策不仅鼓励学校与企业进行深度合作，也为学校提供了丰富的资源，推动了教育与产业的深度融合。最后，我国政府出台了一系列的人才培养政策，鼓励学校与企业共同培养高素质技术技能人才，推动了人才培养模式的创新和发展。

在这样的政策背景下，我国的产教融合正在快速推进。学校和企业的合作越来越深入，产教融合的模式也不断创新和优化。在这个过程中，学校能够更好地服务企业，企业也能够获得更多的高素质技术技能人才，从而推动了产业的快速发展和社会的进步。

二、我国产教融合面临的挑战

（一）体制机制有待完善

机制不完善是新时代产教融合面临的一大挑战。这是人才培养模式的转变造成的。传统的教育模式注重知识传授，而产教融合要求学校更加注重培养学生的实践能力和创新能力。这就要求教师具备与企业合作的能力和经验，改变学生的学习方式，培养他们的实践能力和创新思维。

传统的学生学习方式主要是被动接受知识的传授，学生更多地处于知识的接收端。而在产教融合中，学生需要主动参与实践活动，进行实际操作。因此，学生需要培养实践能力、创新能力和团队合作能力。这就需要学校改变传统的教学模式，指导学生参与实践性项目、实习和实训活动，鼓励学生主动探索和解决问题，培养他们的实践能力和创新思维。

产教融合要求学校与企业密切合作和深度协同，但目前在机制方面存在一些不完善之处。这不仅涉及学校和企业之间的合作机制，还包括资源共享机制和利益分配机制等方面。同时，传统的学校管理和教学模式难以适应产教融合的需求，因而需要进行机制改革和创新。

学校与企业之间的合作机制需要进一步规范和完善。目前，学校与企业之间的合作还存在一些不确定性和不稳定性。合作的主体和责任划分不清晰，导致合作关系的建立和维护面临一定困难。为了解决这一问题，校企双方需要建立明确的合作机制，明确各自的角色和责任，明确合作的目标和内容，以确保合作关系的稳定性。

资源共享机制也是产教融合中需要关注的一个关键问题。学校和企业拥有不同的资源，包括教育资源、实践平台、人力资源等。如何实现资源的共享和优化利用，是产教融合的一项重要任务。而合理的资源共享机制有利于学校和企业互相借鉴和补充彼此的资源，以提升教育质量。

利益分配涉及各育人主体参与产教融合的积极性，因而利益分配机制也是产教融合需要考虑的一个重要问题。产教融合需要学校和企业共同投入资源，但在利益分配方面可能存在一些分歧。学校和企业在合作过程中都希望获得一定的回报和利益，因而需要建立公平合理的利益分配机制，使各方的合法权益得到保障。这可以通过合作协议和合同等方式来明确双方的权益和责任，避免产生潜在的合作障碍。

传统的学校管理和教学模式难以满足产教融合的需求，需要进行机制改革和创新。传统的学校教育注重知识传授和学科划分，往往忽视了学生实践能力和职业素养的培养。而产教融合要求学校对教学模式进行改革创新，注重学生实践能力和职业素养的培养。这就需要建立全新的人才培养机制，需要各育人主体充分借鉴先进的产教融合经验，结合自身实际探索和完善产教融合育人机制。

（二）资源投入与平衡面临挑战

资源投入和平衡是新时代产教融合面临的一个重要问题。产教融合需要学校和企业共同投入资源，但在资源的投入和平衡方面存在一些复杂问题。学校需要提供先进的教育设施和较强的师资力量，而企业需要提供实践平台和专业指导。如何在资源投入上实现平衡，并确保各方的利益得到合理保障，是一个需要解决的现实问题。

资源投入的平衡是一个关键问题。学校和企业具有不同的资源优势，如教育资源、实践平台、专业知识等。学校需要投入足够的资源来提供高质量的教育和培训，以满足学生的学习需求。企业则需要投入资源来提供实践机会和专业指导，以培养具备实践能力的人才。如何在学校和企业之间实现资源的平衡配置，使双方的资源能够最大化地发挥作用，是一个需要解决的难题。而资源投入的公平性同样是一个问题。不同学校、不同企业的资源条件存在差异，一些高水平的学校和企业拥有更多的资源和优势。在产教融合中，如何确保资源的投入和利用具有公平性，使各方的利益得到合理保障，是一个需要解决的重点问题。这涉及资源的分配机制和利益的合理分配，需要建立公正、透明的分配机制，确保资源的公平获取和利用。

此外，资源投入的可持续性也是一个需要考虑的问题。产教融合需要长期的合作和资源投入，而且随着产业的发展和变化，企业对资源的需求会发生变化。如何确保资源投入的可持续性，使产教融合能够持续发展，是一个需要解决的难题。这涉及学校和企业之间的长期合作机制、资源共享机制及激励机制等方面，需要建立稳定的合作关系，获得长期的资源支持。

（三）企业需求与教学内容的匹配性问题

如何更好地实现企业需求与教学内容的匹配同样是新时代产教融合面临的一个重要挑战。随着产业的发展和变化，企业对人才的需求也在不断调整和更新。然而，教学内容和课程的更新相对较慢，难以及时与企业需求相匹配，导致教育与产业之间存在一定的脱节，学生毕业后的就业能力和适应能力可能与实际需求存在差距。因此，如何有效地调整教学内容，使之与产业发展保持同步，成为产教融合需要解决的一个重要问题。

产业的发展速度往往快于教学内容的更新速度。在当今快速变化的社会和经济环境下，产业的技术、知识和需求不断更新，但教学内容的更新相对较慢，教育体系和课程设置需要一定的时间来调整和改变，导致教学内容与产业需求之间存在一定差距。因此，如何缩小教育与产业之间的差距，确保教学内容及时适应产业发展的需求，是一个需要解决的问题。

产业的多样性和复杂性也增加了教学内容与企业需求的匹配难度。不同行业和领域的企业具有不同的需求和特点，这使得教学内容的设计和调整更加困难。学校需要结合不同产业的要求，提供多样化的教育课程和人才培养方案，以满足各行各业的人才需求。如何根据产业的多样性和复杂性，设计灵活性强、适应性广的教学内容，是一个需要解决的问题。

学校与企业之间的沟通和协作也是影响教学内容与企业需求匹配度的一个关键因素。学校和企业之间需要建立有效的沟通机制和合作平台，学校应及时了解企业的需求和行业动态，以便调整教学内容和人才培养方案。然而，在实际情况中，学校和企业之间的沟通和协作存在一些困难，包括信息传递不畅、理解不一致、合作难等问题。如何加强学校与企业之间的沟通和协作，确保教学内容与企业需求的有效匹配，是一个需要解决的问题。

教学内容的更新和调整也需要考虑到技术的快速发展。随着科技的进步，企业对技术人才的需求也在不断变化。然而，教学内容的更新往往需要较长的周期，很难及时跟上技术的发展速度。如何在教学内容中及时融入最新的科技，以培养适应未来产业发展的人才，是一个需要解决的问题。

（四）校企文化的差异

在新时代的产教融合过程中，学校和企业之间存在文化差异和沟通障碍，这是一个需要解决的重要问题。

学校和企业拥有不同的文化背景和运作方式。学校注重教育和学术研究，强调知识传授和学生的全面发展；企业则注重经营和利润，追求市场竞争和商业目标。这种不同的目标导致了双方在价值观、目标导向、管理方式等方面存在差异，进而影响了双方的合作和沟通。由于学校和企业的运作方式和组织结构不同，双方在沟通和合作过程中可能出现理解不足、信息传递不畅等问题。学校通常采用传统的教育管理模式，决策层次较多，决策过程相对缓慢；企业则注重快速决策和高效执行。这种差异可能导致双方在合作项目的目标设定、资源调配、进度安排等方面存在不一致，增加了沟通的复杂性和困难。

语言和专业术语的差异是产教融合中常见的沟通障碍之一。学校和企业使用各自特定的术语和行业语言，这可能导致双方在沟通过程中产生理解偏差和误解，影响合作项目的顺利进行。学校和企业在教育和行业领域中有着不同的专业术语。例如，学校的教育术语可能包括课程设置、教学方法、学术评估等，企业的行业术语则涉及生产流程、市场营销、供应链管理等。双方在交流时可能会因对术语的理解不一致而使信息传递不准确。举个例子，当学校和企业合作开展某个实践项目时，学校可能会使用教育术语来描述项目的目标、任务和评估标准，而企业可能更习惯使用行业术语来讨论项目的实施细节、评估成果。如果双方没有充分理解对方的专业术语和语言习惯，可能会导致项目计划出现偏差，甚至给合作项目带来风险。不同学科领域内的术语差异也是沟通产生障碍的一个方面。另外，不同学科领域具有独特的专业术语和概念体系，学校和企业在合作中可能涉及多个学科领域的交叉。例如，在工程领域的产教融合项目中，学校可能使用工程术语来描述设计、建模和测试，而企业可能更注重工程实践的经验和操作技巧。如果双方没有对跨学科术语进行充分的解释和理解，可能会导致项目的执行困难和合作的不顺利。

因此，如何加强学校和企业之间的沟通与合作，建立良好的合作关系，是产教融合中需要解决的问题之一。双方需要建立沟通渠道，通过定期会议、交流活动等方式促进信息的共享和理解。同时，建立共同的语言和术语体系，提供培训，以使双方更好地沟通。此外，还需要加强文化交流，通过合作项目的实施和共同目标的追求，逐步夯实互信和合作的基础。

（五）管理和监督体系尚需健全

产教融合的管理和监督体系是确保校企双方合作顺利进行的关键。然而，目前的管理和监督体系尚未健全，存在一些问题，特别是在监督与评估方面。尽管在某些地区和领域已经建立了监督机构和评估体系，但在全国范围内，尚缺乏统一的监督标准和评估方法，这导致评估结果的可比性和公正性存在一定的问题。不同地区和学校可能采用不同的评估指标和方法，造成了评估结果之间的差异。由于产教融合的特点与需求在不同地区和学校间存在差异，有针对性的评估指标和方法是必要的。然而，缺乏统一的标准使得评估结果往往无法进行直接的比较，难以确定最佳经验的共享。评估的独立性和客观性同样是健全评估体系的重要要求。评估机构应该独立行使职责，不受利益相关者的影响，以确保评估结果的客观性和可靠性。然而，在实际操作中，评估机构可能面临来自不同利益相关者的压力和干预，这可能会影响评估的独立性和客观性。因此，如何建立有效的监管机制，确保评估机构的独立性和客观性，是一个需要解决的问题。

　　另外，我国产教融合在资源配置与管理方面也存在问题。产教融合需要学校和企业共同投入人力、物力和财力等资源，但在资源的配置和管理方面存在一些挑战。一方面，由于各方的资源条件和能力存在差异，实现资源的平衡分配和优化配置仍然具有一定的困难；另一方面，资源管理的透明度和公平性需要加强，以确保资源的合理利用。

第三章　校企协同育人概述

第一节　高职教育与应用型人才培养

一、高职教育的特征

（一）重视教学的实用性

实用性是高职教育的一个突出特点，这体现在它注重学生的实践技能训练和职业素质培养上。高职教育强调技能的学习和应用，其目标是使学生掌握一门或多门技能，使他们能够在毕业后立即进入职场。

首先，实用性体现在课程设计上。高职教育的课程设计往往强调实用性和针对性，这意味着课程的内容和结构都与实际工作密切相关。例如，学生可能会学习具体的技术操作，如如何使用特定的软件或工具，如何处理特定的问题或任务，等等。这些课程内容直接反映了社会和行业的实际需求，通过学习这些课程，学生在将来能更顺利就业。

其次，实用性体现在实践技能的训练上。高职教育强调学以致用，因而很大一部分时间会用于实践教学，如实验、实习等。在这些活动中，学生不仅可以应用自己在课堂上学到的知识和技能，还可以直接接触到实际工作环境和任务，从而更好地理解和掌握技能，了解和适应未来的工作环境。

最后，实用性体现在职业素质的培养上。除了专业技能外，高职教育还强调学生职业素质的培养，如职业道德、职业责任感、团队合作能力、问题解决能力等。这些素质对学生未来的职业生涯至关重要，它们可以帮助学生更好地适应职场，更好地与同事和客户交往，更有效地处理问题和挑战。高职教育通常会通过课程教学、实践活动、辅导和指导等方式培养学生的职业素质。

（二）重视技能导向

高职教育以技能导向为核心特性，注重通过理论教学和实践教学相结合，培养学生的专业技能和职业素质。在技能导向的教育理念下，高职教育致力为学生提供一个全面且实践性强的学习环境，使他们能够掌握并应用职业技能，提升就业竞争力。高职教育对技能的培养分为理论知识的讲解和实践技能的培养两个部分。理论知识的学习是对职业技能的科学原理和应用方法进行学习，使学生理解并掌握所学专业的基础知识，对所学专业有一个全面、深入的理解。实践技能的培养则是通过实验、实习、实训等方式，使学生在实际操作中掌握所学的专业技能，提升操作能力。

技能导向的教育模式也体现在高职教育的课程设置中，课程设置主要针对社会对人才的需求，以行业所需技能为导向，强调实用技能的训练。比如，酒店管理专业会开设前厅服务、客房服务等课程，汽车维修专业会开设发动机原理、汽车电气设备维修等课程。

在技能导向的高职教育模式下，学生通过学习，不仅掌握了所学专业的理论知识，更重要的是掌握了职业技能，能够应对复杂多变的工作环境。这种教育模式让学生在校期间就有机会获得职业体验，帮助他们更好地适应社会，提升就业竞争力。

（三）与行业密切相关

高职教育要适应行业需求，这表现在许多方面，其中包括高职院校与企业的合作、课程设计、教学模式等。

很多高职院校会与企业建立合作关系，也就是校企合作或者是校企协同育人。这种合作关系可以是长期的、稳定的，也可以是针对特定项目或任务的。这样的合作关系使得高职院校能够直接了解企业的实际需求，以及最新的行业动态和技术发展，从而及时调整教学内容和方法。同时，企业可以通过这种合作关系，为学生提供实习和就业的机会，增强他们的实践经验和就业竞争力。

由于高职教育的行业针对性十分明显，加之校企协同育人模式的普及，企业逐渐成为重要的育人主体之一。因此，其课程设计通常都与行业和企业的需求紧密相关。高职院校在设计课程时，通常会参考行业标准和企业需求，以确保课程内容的实用性和针对性。这不仅包括专业技能和知识的教授，还包括行业规则、操作规程、行业文化等内容的传授。这样的课程设计能够增强学生的实践能力和就业适应性。

高职教育的教学模式通常与行业的需求紧密相关。很多高职院校会在教学过程中引入一些实际案例，使学生在学习理论知识的同时，有机会模拟实际开展工作，提升实践技能。此外，一些高职院校还会开展实地教学和实习，让学生在真实的工作环境中学习和实践，以期更深入地了解企业的运营情况。

二、应用型人才培养概述

（一）应用型人才培养的内涵

应用型人才培养是教育领域中的一个重要概念，它指的是培养具有深厚专业知识和技能，并能将这些知识和技能有效应用于实际工作中的专业人才。应用型人才是社会经济发展的重要支撑，他们通常具备良好的职业素质、实际操作能力以及解决实际问题的能力。

应用型人才培养具有应用性和实践性。他们不仅要对理论知识有深入的理解，更需要具备实际操作的能力和实践经验。他们应用理论知识解决实际问题的能力通常强于一般的学术型人才或研究型人才。对于应用型人才来说，理论知识并非一个抽象的概念，而是能够直接服务实际工作，帮助他们解决实际问题的工具。这种强调知识和技能应用的特点，使得应用型人才在工作中能够迅速适应并解决各种问题。

应用型人才培养具有针对性和特定性。应用型人才通常针对某一特定的行业或领域，他们的知识和技能通常能够直接应用于该领域的实际工作。这就要求教育者在培养应用型人才时对该领域的实际需求有深入的了解，以便设计出更贴近实际、更能满足行业需求的课程和教学方案。这种具有针对性的培养方式不仅有助于提高教育的有效性，也有助于应用型人才更好地适应工作环境，提高工作效率。

应用型人才培养具有实用性和服务性。教育的目标不仅仅是传授知识，更重要的是培养学生的能力，帮助他们更好地服务社会。应用型人才的培养正是这一目标的具体实现。应用型人才通过学习和实践，不仅掌握了一门专业知识，还发展了一种可以直接服务社会的技能。这种注重实用性和服务性的培养方式强调教育与社会实际需求的紧密联系，使教育不再是孤立的，而是与社会发展紧密相关的，为社会提供创新和发展的动力。

当然，应用型人才的培养并非一蹴而就，它需要教育者、学生、企业和社会多方的共同参与和努力。教育者需要对行业和专业有深入的理解，设计出实用且具创新性的课程，引导学生深入理解和掌握专业知识，培养他们的实践能力。学生则需要积极学习和实践，通过不断尝试和挑战，丰富自己的知识，提升自己的技能。企业和社会则需要提供实习和工作的机会，为学生提供实践和应用知识的平台，同时通过反馈帮助教育者调整和优化教学内容和方式。

（二）应用型人才培养的意义

应用型人才的培养在当今社会发展中具有重要意义。随着科技的不断进步和社会的不断发展，社会对应用型人才的需求越来越大。

从社会角度看，社会经济发展迅速，科技进步的大潮涌现。当前社会不断出现新的科技和产业，对人才的需求也不断变化，特别是对应用型人才的需求更加强烈。例如，随着人工智能、大数据和云计算等高新技术的快速发展，社会对能够掌握这些技术并将其应用于实际工作中的应用型人才的需求大幅度提升。

从企业角度看，企业是当今时代推动经济发展的重要主体之一。在竞争激烈的市场环境中，企业更加需要能够熟练运用专业知识、解决实际问题的应用型人才。例如，互联网公司不仅需要理论知识丰富的程序员，更需要能够针对实际问题编写出高效代码的应用型开发者。因此，应用型人才的培养能够帮助企业获得高技能人才，使企业的竞争力提升。

从个人角度看，应用型人才的培养有助于提升个人的职业能力和竞争力。在日益严峻的就业环境中，拥有应用型技能的人才更容易找到满意的工作。同时，应用型技能能够帮助个人在工作中更好地解决问题，提升工作效率，进一步扩大个人的职业发展空间。

第二节 校企协同育人的内涵与特征

一、校企协同育人的内涵

校企协同育人这一概念的界定相对比较清晰。世界合作教育协会于2001年明确阐释了校企协同育人的概念，认为校企协同育人是指在教学过程中，帮助学生将课堂上所学的知识与实际的工作实践充分结合在一起，通过校企充分合作，使学生将在学校习得的相关理论知识运用到实际工作当中，同时将在工作中遇到的问题和挑战反馈给学校，促进学校教育的发展。世界合作教育协会对校企协同育人开展的基本方式和目标指向也作出了说明，即学生通过校企协同育人这一方式往返于学校与企业之间，进行知识与实践的整合。

随着国家对产教融合的重视程度不断提升，以及越来越多的学校以产教融合理念为指导，通过校企协同育人的方式进行专业人才的培养，学界对校企协同育人的研究不断增多。李德方提出："校企协同育人教育指的是以为社会培养合格的劳动者为目标，以提升高校教育的质量与劳动者的综合素质为指向，开展院校与相关企业之间的合作，将学生的理论知识与实践中的工作技能相结合，并最终推动社会经济的发展。"① 他对校企协同育人这一概念的描述更加清晰、明确，并进一步丰富了校企协同育人的内涵，明确了校企协同育人的目标。

综合学界对校企协同育人内涵的研究，研究者主要从校企协同育人的性质出发，剖析校企协同育人的本质与运行机制。

（一）模式说

很多学者在校企协同育人内涵研究中支持模式说的观点。所谓模式说，就是将校企协同育人的本质定义为一种人才培养模式，认为校企协同育人是一种充分利用学校与企业的教育资源，将课堂知识教学与实践技能训练相结合的人才培养模式。

模式说认为，既然校企协同育人的本质是一种人才培养模式，就应该强调人才专业发展的重要性，重视校企协同育人的教育作用的发挥和具体合作形式的构建，其应该紧紧围绕人才培养这一核心目标展开。校企协同育人需要学校与企业展开全方位、多领域的合作，包括资源合作、技术合作、科研合作、信息合作等。

在人才培养的过程中，相关部门要充分开发、运用学校与企业各自的资源优势，在学校中，使学生能够学到丰富的专业理论基础知识；在企业中，使学生能够将课堂上所学的理论知识应用到实践中。

校企协同育人在培养和提升人才专业素质的同时，对学校与企业的发展也具有巨大的促进作用。对于学校来说，校企协同育人可以提升办

---

① 李德方.省域职业教育校企合作研究：基于江苏实践的考察 [M].苏州：苏州大学出版社，2019：24-26.

学水平。首先，校企协同育人能够帮助学校丰富人才培养的方式，提升人才培养的质量。其次，学校可以通过校企协同育人与企业联合进行教师培训，提升教师队伍的质量。对于企业来说，可以通过校企协同育人不断地获取高素质人才，为企业进一步发展提供人才保障。

综上所述，模式说将校企协同育人看作一种人才培养模式，看作一种学校、企业和个人的联合发展模式，通过校企充分合作展开人才培养，最终实现学校、学生与企业的共赢。

（二）机制说

机制说认为，校企协同育人是一种以社会和市场发展需求为导向的运行机制，强调校企协同育人过程的运行方式以及其中各要素（学校、企业、学生、社会）之间的结构关系。

机制说认为，校企协同育人是以提升学生的综合能力为重点，以培养符合市场与企业需求的应用型人才为目标，充分利用学校与企业的资源，采取课堂教学与工作培训相结合的教学方式，培养能够适应不同岗位的高素质应用型人才的教育模式。其中，企业是校企协同育人的主体，学校是人才培养的主导，作为培养对象的学生以及学校与企业的教育资源则是连接学校与企业的纽带。机制说通过剖析校企协同育人中各要素之间的关系及其运行方式来阐释校企协同育人的内涵。

在校企协同育人的概念界定上，机制说与模式说有很多的相似点，但是两者对校企协同育人的认识存在较大的差异。与模式说将校企协同育人当作一种人才培养模式不同，机制说认为校企协同育人是一种联通教育活动与生产活动的运行机制，强调对校企协同育人的内容、目标、模式等进行明确的定义。机制说认为，校企协同育人的基本内涵是产学合作，发展路径是工学结合，目标是提升学生的综合素质，为社会和企业的发展提供人才保障。

（三）中间组织说

中间组织说选择从功能的视角审视校企协同育人，将校企协同育人作为学校与企业沟通的桥梁，作为课堂教学与生产实践连接的纽带，是帮助学生从校园走向社会的重要路径。中间组织说认为，校企协同育人的本质是一个介于学校与企业之间的组织。

中间组织说强调校企协同育人的纽带作用，与机制说不同的是，机制说强调校企协同育人本身在育人方面的功能性，中间组织说则强调校企协同育人在整个育人体系中的作用。

综上所述，校企协同育人指的是学校和企业以培养新时代发展所需的人才为目标，充分利用学校与企业的教育资源与教育环境，将课堂知识教学与生产实践训练相结合，深入地展开合作，培养高素质技术技能人才，进而推动社会经济发展的人才培养模式。

二、校企协同育人的特征

与传统的人才培养方式不同，校企协同育人重视课堂教学与实践训练相结合，在实现人才培养目标的过程中，注重促使学校与企业深入融合，形成一个人才培养系统，通过充分发挥系统中各要素的功能，推动系统发展。因此，相较传统教育方式，校企协同育人自身具有显著的特征，如图 3-1 所示。

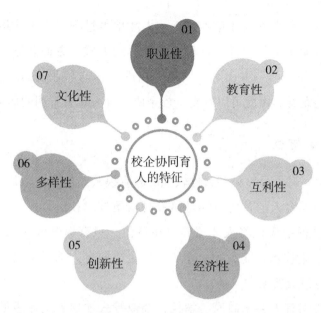

图 3-1 校企协同育人的特征

（一）职业性

校企协同育人在职业人才培养中最为常见，相对于重视理论知识教学与科研的研究型人才培养来说，重视实践技能训练的职业人才培养模式更加适配校企协同育人。职业教育本身就是以培养符合社会和企业发展需求的实用型人才为目标的，其人才培养途径包括产学结合、工学结合以及产学研结合，具有较强的实践性与针对性。校企协同育人能够帮助学生将具体的理论知识运用到实际工作中，意在深化学生对理论知识的理解。

校企协同育人的主要形式是课堂教学与生产活动相结合，主要目标是培养高素质技术技能人才。因此，校企协同育人既强调实操技能的训练，又重视专业理论知识的教学，要求学生在具体的生产实践中更好地将理论与实践相结合，将所学知识切实运用到实际工作中，逐渐提升职业素质和专业能力，从而顺利完成从校园到社会的过渡。

校企协同育人的人才培养目标、人才培养过程以及人才培养的成果均具有十分明确的针对性。这种人才培养的方式一方面能够帮助学生实现专业化发展，另一方面可以使培养出的人才与行业的需求精准匹配，促进行业的发展。由此可以看出，校企协同育人具有鲜明的职业性。

（二）教育性

校企协同育人是一种实践性较强的教育模式，教育性是其特征之一。

校企协同育人的首要目标是培养高素质技术技能人才，因而校企双方在合作过程中应该将人才培养放在首位，只有提升人才培育的质量，培养出高素质技术技能人才，才能使校企协同育人的成果惠及校企协同育人中的各组成要素。

校企协同育人要求政府、学校、企业等人才培养主体遵循产教融合的理念，以实际岗位的需求为导向，强化育人意识，明确人才培养目标，优化理论课程与实践课程的设置，改革教育模式，创新教学方法，多主体共同参与人才的培养。校企协同育人中人才培养的一系列举措体现了其教育性的本质。

（三）互利性

政府、学校、企业与学生个人的利益存在一定的差异。政府与学校均重视社会效益，政府重视区域的全方位发展；学校则重视为社会提供高素质技术技能人才，并重视自身办学水平的提升。企业重视经济效益，而经济效益又是企业赖以生存的基础，只有不断优化生产结构，提升经济效益，企业才能在激烈的市场竞争中占据一席之地。学生则重视自身的发展，通过学习知识与技能更好地实现自我价值。利益是事物发展的重要驱动力，校企协同育人是政府、学校、企业与学生等多种要素共同组成的人才培养系统，该系统的良好运行离不开系统各组成要素之间利益的协调。

校企协同育人中的"合作"二字既体现了校企协同育人模式需要学

校与企业双方共同参与的特性，又体现了该模式符合学校与企业共同利益的特点，而合作关系形成的关键是利益的协调，因而在校企协同育人的过程中，学校要找到与政府、企业、学生个人的利益结合点，并根据各方的共同利益开展人才培养活动。

在校企协同育人组织运行的过程中，政府、学校、学生与企业之间的目标与利益具有密切联系。校企协同育人的各参与方若没有共同利益，那么彼此间的合作很难长期维持。因此，可以说，互利性是校企协同育人得以实现的重要前提和基础。

（四）经济性

经济基础决定上层建筑，经济发展水平对区域基础设施、文化、教育、环境等领域的建设和发展具有重要影响。高校人才培养的重要目的之一就是促进区域整体发展，而且在校企协同育人中，企业是人才培养的主体，人才培养模式具有鲜明的职业性，因而校企协同育人对各主体实现经济效益具有重要的促进作用。

可以说，无论政府、学校、企业还是学生个人，都能够通过校企协同育人获得一定的经济利益。校企协同育人的目的是为社会培养高素质技术技能人才，促进区域经济发展。对于企业来说，校企协同育人能够为企业源源不断地提供高素质技术技能人才，为企业生产活动的优化升级和进一步发展提供人才保证，进而提高企业的经济效益。对于学生个人来说，校企协同育人能够全面提升学生的专业素质，促进学生就业，为学生未来的发展打下良好的基础。校企协同育人是围绕学生展开的，可以说，学生是校企协同育人最大的受益者。

在校企协同育人中，经济利益是政府、学校、企业与学生个人的共同利益，是校企协同育人系统中各个组成要素的重要利益契合点之一。而良好的校企协同育人则可以实现各方的经济利益诉求，因而无论从目的、组织形式还是成果来看，经济性都是校企协同育人的重要特性之一。

（五）创新性

创新是国家发展的重要驱动力，是组织运行发展的关键因素，可以赋予各类组织运行机制以强大的生命力。创新性是校企协同育人的显著特性，这一点从校企协同育人的组织形式、人才培养的理念以及自身的发展中可以看出。

首先，从校企协同育人的组织形式看，校企协同育人模式本身就是以创新为理念在实践中探索职业教育发展路径的成果。现代校企协同育人模式的发展历程并不长，人们将教育实践与产业发展实践充分结合进行探索，最终探索出了校企协同育人的人才培养模式。

校企协同育人模式与传统的教育模式之间存在很大的不同：在传统的教育模式中，理论教学与实践教学相对分离，重视研究型人才培养的教学模式，强调理论教学的重要性，忽视实践教学；校企协同育人则强调具体实操技能的训练，对于理论基础知识教学的重视不足。现代社会的发展对高素质技术技能人才的需求越来越高，许多新兴产业存在巨大的人才缺口，传统的人才培养模式并不符合行业发展的需求，因而校企协同育人逐渐受到人们的重视。

首先，校企协同育人的创新性体现在其组织形式的创新上。校企协同育人将企业作为人才培养的主体，这在传统的高校教育模式中是十分罕见的。学校与企业之间的充分融合也与传统的以学校为主体的人才培养模式存在较大的不同。学生的学习场所在课堂与实际工作岗位中灵活切换，也与传统人才培养模式中以课堂为知识传授主要场所的教学形式存在较大差异。

其次，校企协同育人的创新性体现在其教育理念与教学内容的创新上。伴随着人才培养组织形式的创新，教育理念和教学内容也焕然一新，学生不再仅坐在教室里机械地学习和识记理论知识，而是在理论知识学习与实践技能训练结合的过程中，将理论知识充分运用于实践，再通过实践深化对理论知识的认识，并将实践中发现的问题带回课堂进行讨论与研究，将课堂上所学的间接经验与实践中获得的直接经验充分融合，实现自身知识水平与能力的提升。

最后，校企协同育人模式的进一步发展需要创新发展理念作为支撑。没有任何一种模式适用于任何时代和任何区域，照搬发展模式是行不通的。市场经济的发展变化与区域发展的差异性，使得高校与企业须根据事件发展情况以及区域发展特点来制定最适合自身的校企协同育人模式，以求真务实的态度与改革创新的精神寻求校企协同育人的最佳途径。

（六）多样性

校企协同育人具有多样性的特征，这体现在合作内容的方方面面。学校与企业之间的合作模式不是一成不变的，校企协同育人若想达到预期的人才培养目标，学校与企业之间必须深入开展全方位的合作，从合作的内容到合作的方式，再到组织机制的运行，都需要呈现出多样化的特征。

校企协同育人的多样性是实现多方共赢的重要保障，是校企协同育人获得持续发展的重要前提。校企协同育人的多样性特征要求学校与企业开展多领域、全方位的合作。当然，在这一过程中，学校与企业要始终遵循培养高素质技术技能人才这一基本目标。

在校企协同育人中，学校与企业的合作模式多种多样，有订单式人才培养模式、工学交替式人才培养模式以及"2+1"人才培养模式等。从合作的层次看，学校与企业还可以根据人才培养的需要展开深层次合作或中、浅层次的合作。从合作主体看，既可以是学校与企业之间的全面合作，也可以是学校部分专业与企业相关生产部门之间的合作。

在合作内容上，校企协同育人也呈现出多样性的特点。校企协同育人首先要求学校与企业在人才培养上展开合作，在这一前提下，学校与企业还可以充分共享信息资源，为人才培养的内容与方向提供参考。校企双方可以联合组织教师培训，为人才培养提供良好的师资保障；校企双方还可以充分发挥自身的资源优势，在科研领域展开合作，促进学校科研水平的提升和行业的优化升级。

需要注意的是，校企协同育人模式并不是一成不变的，无论是合作内容，还是组织形式，都需要不断地进行更新和优化。当今社会，知识与信息的更新速度非常快，校企协同育人作为一种人才培养方式，其重要的任务就是为未来社会的发展提供高素质技术技能人才。这就要求校企双方深入合作，根据时代发展的需求，优化教学内容，完善人才培养模式。

（七）文化性

校企协同育人既是一种基于共同发展目标的教育、科研合作，也是一种基于共同利益的经济合作，还是一种基于共同价值观的文化合作。

文化性是当今时代企业发展的显著特征，许多企业目前已经形成了各具特色的企业文化。企业文化包括发展理念、企业制度、管理形式、工作态度和工作氛围等。它是企业软实力提升的重要保障，是企业发展壮大的重要根基，是企业凝聚人心的重要手段。因此，企业若想实现长足的发展，就必须加强文化建设。

校园作为育人场所，其文化建设自然十分重要。校园文化对学生的心理和行为会产生重要的影响。良好的校园文化促进学生身心健康发展，充分调动学生的学习积极性和主动性；不健康的校园文化会对学生的成长和发展产生不利的影响。学生的身心健康是其正常学习、生活、交往、发展的前提和基础，校园文化直接影响学生心理健康。同时，校园文化彰显了学校的办学理念与治学态度，是一个学校鲜活的名片，能起到凝心聚力、鼓舞斗志的作用。因此，校园文化的建设应该得到充分重视。

校企协同育人的文化性主要体现在两个方面，分别是育人过程的文化性、学校和企业的文化合作与交融。

从人才培养的角度看，高素质技术技能人才不能仅仅接受学校文化的洗礼，还需要一定的企业文化的熏陶。学生在参与校企协同育人的过程中，既学习到了理论知识，又掌握了实践技能，同时还接受了企业文化的熏陶，有利于形成积极、认真的工作态度，更加深入地了解社会，更加顺利地实现从校园到企业的过渡。

从文化合作与交融的角度看，在校企协同育人的过程中，企业与学校进行充分交流，有助于丰富企业文化与学校文化。企业应该充分认识到知识经济时代的特征以及教育对社会发展的巨大推动作用，将校园文化中崇尚知识、重视科研等理念引入企业文化；学校也应该将企业文化引入日常的教学管理活动之中，帮助学生提升对工作实践的认识。学校与企业通过文化的交融，打造良好的校园文化，提升企业文化的层次，在文化层面实现校企融合，使学生更加顺利地完成从学校到企业的过渡。

第三节　校企协同育人的内容与原则

一、校企协同育人的内容

校企协同育人的内容非常丰富，因为校企协同育人本身就是一个有别于传统人才培养模式的庞大育人系统。校企协同育人的内容主要有以下几点，如图3-2所示。

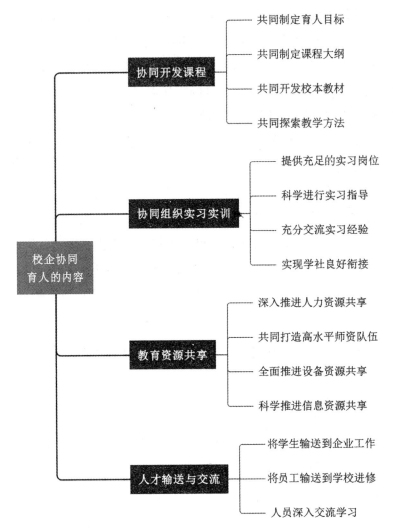

图 3-2　校企协同育人的内容

（一）协同开发课程

　　课程开发是校企协同育人的重要内容之一，因为课程是教学活动开展的载体，无论理论教学还是实践训练，都要基于课程开展。协同开发课程涉及学校和企业如何发挥自身教育资源优势共同制定课程，使课程内容更贴近实际工作，以培养学生的实际工作技能。在这种模式下，学校和企业不仅要关注理论知识的教授，更要重视学生实际操作技能的培养。这是因为当前企业对具备专业知识且能将这些知识运用于实际工作中的人才的需求越来越大。

这种课程设计模式的实现需要学校和企业的紧密合作。首先，企业需要明确其对人才的需求，明确不同的工作岗位所需的知识与技能，这些信息是课程开发的基础。其次，学校和企业可以共同制定课程大纲，明确课程内容和教学目标，根据实际需求共同开发校本教材。最后，在课程的具体开发过程中，学校可以根据企业的需求，结合自身的教育资源和教学优势，设计出富有实际应用价值的课程内容；企业则可以提供工作现场，供学生进行实地学习和实习。

以机械工程专业为例，企业可能需要学生掌握某种机械设计软件的使用技能，这是学生在找工作时必须具备的技能。因此，学校可以开设相关的课程，邀请企业的专业人士来授课，或者由具备相关经验的教师进行教学。课程内容除了涵盖软件的操作技巧外，还包括如何将设计理念应用于实际工作、如何解决工作中遇到的问题等内容，这样就能使学生在课堂上获得实际工作所需的技能。

除此之外，课程开发还需要考虑学生的学习能力和兴趣，教学方法和教学评价方式也需要根据学生的实际情况进行调整。课程开发的目标是使学生积极参与到学习中，获得丰富的学习经验，以便学生在毕业后能够快速适应工作环境，成为企业所需的优秀人才。

通过协同课程开发，校企协同育人模式可以使学生在学习过程中获得实际工作的经验和技能，使他们更好地适应未来的职业生涯，同时可以帮助企业获得更符合自己需求的人才，实现校企双赢。这种课程构建模式对促进我国高等教育改革，提高人才培养质量，满足社会和经济发展需求具有重要的意义。

（二）协同组织实习实训

在校企协同育人中，协同组织实习实训可以让学生在真实的工作环境中获得实践经验，更好地理解和掌握所学知识，增强职业素质、提升职业技能，从而为将来的工作做好准备。此外，它也是教育者了解教学情况的重要途径，是企业对未来潜在员工进行考察和选拔的重要机会。

在实习实训环节，学校和企业需要密切合作。首先，企业要为学生提供实习实训的岗位，并制订实习计划，明确实习任务，这样学生才能在实习中有明确的目标和方向。其次，学校要配合企业对学生进行实习指导，确保学生在实习中的权益，并对学生的实习表现进行评估。以计算机科学专业为例，学生在学校期间有机会到软件开发公司实习。在实习期间，学生可以参与到真实的软件开发项目中，参与代码编写、测试以及客户需求分析等工作。在这个过程中，学生不仅可以将所学的编程知识应用到实际工作中，还能学习到在课堂上难以学到的技能。

在组织学生进行实习实训的同时，学校的教师可以定期与学生和企业导师进行交流，了解学生在实习中遇到的困难，提供必要的指导和帮助。在学生实习结束后，学校可以根据学生的实习表现和企业导师的反馈，对学生进行评价，这可作为学生课程成绩的一部分。对于企业来说，实习实训环节是其获取优秀人才的重要途径。企业可以在实习期间，对学生的技能、工作态度和潜力进行考察，这将有助于企业在未来的人才招聘中作出更加准确的决策。

（三）教育资源共享

资源共享同样是校企协同育人的重要内容之一，在应用型人才培养领域，学校与企业各自掌握着不同的教育资源优势，但在传统的教育模式下，两者的教育资源优势很难真正地有机统一在一起。通过资源共享，学校和企业可以共享各自的人力资源、设备资源和信息资源，从而提高人才培养的效率和质量。

在人力资源共享方面，学校和企业可以共享教职员工和企业专家，为学生开展内容更丰富、更具实践性的教学。例如，学校可以邀请企业的技术专家、管理者到学校开办讲座、指导学生的实习实训等，使学生能够直接从实践者那里获得最前沿、最实用的知识和经验。同时，学校的教师可以到企业进行实地考察、进修，了解最新的行业动态，完善自己的知识结构，提升自己的教学能力。

校企协同育人还有利于高水平师资队伍的打造。企业可以为教师提供接触行业实践的机会。在校企合作的背景下，教师可以直接参与到企业的实际工作中，或者是参加企业举办的技能培训、研讨会等活动。这样的经历可以让教师亲身体验到行业内的工作环境和实际需求，也能让他们了解到行业发展的新动向和新技术。这不仅能够丰富教师的实践经验，提升他们的专业技能，还能够开阔他们的视野，增强他们对行业的理解。企业还可以为教师营造一种以问题为导向的学习环境。在企业中，教师可以直接面对各种实际问题，然后通过思考和实践去解决这些问题。这样的学习方式可以有效提升教师的问题解决能力，也能让他们了解问题解决的过程。这些在传统的学校教育环境中难以获取，但是对教师教学能力的提升非常重要。企业还可以通过专业的人才培养体系提升教师的职业素质和专业素养。在校企合作的框架下，教师可以接受企业的职业培训，学习企业的管理理念，了解企业的文化。这不仅能提升教师的职业素质，也能让他们更好地理解和适应市场的需求，提升他们的教学质量。企业相对开放的环境也可以为教师提供一个交流和学习的平台。在这个平台，教师可以与企业的专家、技术人员沟通交流，分享经验，互相学习。这样的交流可以丰富教师的专业知识，提升其技能，也能够拓宽其人脉网络，为未来发展提供更多的机会。

设备资源共享则主要体现在企业为学校提供先进的设备和实验室，让学生能够接触最新的技术、使用最先进的设备，增强其实践操作能力。

例如，生物医药专业的学生可以在企业的高级实验室中进行实习实训，使用先进的实验设备，深入了解医药研究的实际操作流程，为将来的就业打下坚实的基础。

信息资源共享要求学校与企业建立信息交流平台，共享行业动态、就业信息、教育研究成果等。学校可以将最新的教育研究成果、教育政策等信息共享给企业，帮助企业了解并适应教育改革的趋势；企业也可以将最新的行业动态、技术发展等信息共享给学校，帮助学校及时调整教育目标和课程内容，提升教育质量。

（四）人才输送与交流

校企合作模式下的人才输送对学校和企业双方都有着深远的意义。对于学校来说，它可以将自己培养出的优质人才输送到社会，既满足了社会对专业人才的需求，也提升了学校的声誉。对于企业来说，它可以聘请到专业、技能齐全的新员工，为企业的发展注入新的活力。

当学校将优质人才输送到企业时，这些人才可以直接运用自己在学校学到的理论知识和实践技能解决企业的实际问题，推动企业的发展。同时，他们可以在实际工作中不断学习和进步，提升自己的能力，为个人职业生涯的发展奠定坚实的基础。此外，学生进入企业工作，也可以增强学校与企业之间的联系，推动校企合作关系的进一步发展。

在企业中，有很多员工可能已经拥有了丰富的工作经验，但他们在某些专业知识或者技能上可能还存在一些不足。这时，企业可以将这些员工送到学校进修，让他们接受更系统、更深入的专业教育，从而提升他们的专业技能。这样，不仅能提升员工的工作能力，也能提升他们的工作满意度和忠诚度，从而提高企业的综合竞争力。

二、校企协同育人的原则

（一）互利共赢原则

互利共赢是校企协同育人的核心原则，这一原则确保了在协同育人的过程中，学校和企业都能从合作中获得收益，进而推动合作的深化和持续。首先，学校和企业的合作关系是基于共同的目标和利益的，那就是培养出满足社会需求的高素质技术技能人才。学校通过与企业合作，能更好地了解行业需求，调整教学方案，提高教学质量；能通过企业提供的实习和实训机会，提高学生的实践能力，为学生未来就业打下坚实的基础。同样，企业也能从这种合作中获益。企业能聘请到学校培养的高素质技术技能人才，解决人才短缺的问题；能通过与学校的紧密合作，影响教育方向，使之更符合企业的实际需求；可以利用学校的资源，如人才、设备和技术，进行产品的研发和创新，提升企业的竞争力。

以某个信息技术专业为例，学校可以与一家 IT 公司建立合作关系。学校根据公司的人才需求，调整课程设置，加强实践教学，提高学生的编程能力和项目管理能力。IT 公司则提供实习机会，让学生在实习过程中了解行业动态，熟悉工作流程，积累实际工作经验。双方的合作使学生在毕业时既具备了扎实的专业知识，又有丰富的实践经验，大大提高了他们的就业竞争力。而企业也得到了符合自身需求的人才，提升了公司的运营效率。可以说，互利共赢原则不仅促进了校企协同育人的实施，也推动了教育和产业的共同发展，对社会经济的进步产生了积极影响。

（二）实践导向原则

实践导向原则是校企协同育人过程中的另一重要原则。鉴于这一原则，学校在教学中应注重理论与实践的结合，而企业应提供实习和实训的机会，以满足企业对具备实际操作能力人才的需求。这一原则的运用使得校企协同育人过程既能满足学生对理论知识的学习需求，又能满足他们对实际操作技能的培养需求，以适应未来就业的需要。

通过协同育人，学校能提升自身实践教学的水平，提高人才培养的质量，而企业也能从这种合作中获益。学生在企业的实习过程中，不仅能提升自身的技能，还能将学校学习的理论知识应用到实际工作中。

实践导向原则也有利于增强学生的职业素养。通过实习，学生不仅能了解企业的工作环境和流程，还能学习到与人沟通、解决问题和自我管理等在职场上必需的技能。这些技能对他们未来的职业生涯非常重要，也是在学校课堂上难以获得的。

（三）双向互动原则

双向互动原则是校企协同育人的重要原则，它强调学校和企业间的互动应是双向的，要求学校向企业输送人才，还包括企业向学校反馈人才需求，提出对人才培养方案的改进建议。这种双向互动使得校企之间的合作更为紧密，也使得培养出的人才更符合市场需求，更能适应社会发展。以工程类专业为例，学校在教学过程中除了传授基础的理论知识外，还会根据企业的需求和反馈，对课程设置进行调整，增加实践课程，引入先进的实验设备，使学生在实际操作中掌握专业技能；企业则会为学生提供实习岗位，让他们有机会在真实的工作环境中应用所学知识。另外，企业也可以积极反馈，对学校的人才培养方案提出改进建议。例如，企业发现新员工在某项技能上存在不足，可能是由于该技能在学校的教学中未得到足够重视。在这种情况下，企业可以向学校反馈这一需求，而学校在接收到反馈后，可以对课程进行调整，加强这一技能的训练。

双向互动原则还体现在企业对学生的培养过程中。企业不仅可以为学生提供实习机会，还可以为他们提供职业规划、职业道德等方面的指导，帮助他们更好地适应职场环境，提升职业素养。

（四）创新原则

创新原则在校企协同育人中起着至关重要的作用。随着社会和行业的不断发展，其对人才培养的要求也会随之变化。因此，学校和企业都应遵循创新原则，及时调整和更新人才培养方案，以适应新的社会需求和行业标准。

学校需要不断创新教学方法和课程设置，以适应行业发展的新趋势。例如，随着互联网技术的快速发展，许多学科都需要加入数据分析、人工智能等新的内容。学校需要在课程设计时引入这些新的知识点，让学生跟上时代发展的步伐。学校也需要创新教学模式，如引入线上教学、实验模拟等教学模式，以提升教学质量。

企业需要不断创新业务模式和技术应用，以保持竞争力。在与学校的合作中，企业需要及时反馈行业的新变化，帮助学校调整课程设置和人才培养方案。例如，如果企业发现新的技术趋势，可以及时通知学校，让学校在教学中加入这些新的内容。同时，企业可以通过提供实习岗位和实训项目，让学生有机会接触并掌握新的技术。

第四节 校企协同育人的类型与模式

校企合作模式多种多样，下面分别从合作层次、培养方式以及办学主体三个方向审视校企合作模式，并对其进行分类阐释，具体内容如图3-3所示。

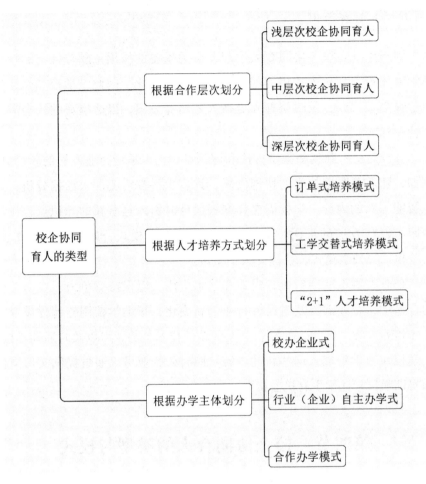

图 3-3　校企协同育人的类型

一、根据合作层次划分

根据校企协同育人的合作层次，我国的校企协同育人模式可以分为浅层次校企协同育人、中层次校企协同育人和深层次校企协同育人三种。

（一）浅层次校企协同育人

浅层次校企协同育人是一种停留在变动层的合作，明确、具体、细碎的合作内容是其显著的特点。浅层次校企协同育人的内容一般包括企业为学校提供学生实习场所与教师培训场所、企业为学校的学科建设与教学活动提供建议、企业为学校提供考察与调研的机会、学校为企业提供必要的智力与科研支持等。

浅层次校企协同育人一般针对的是具体的问题，如在实习期，学校需要为学生提供相对专业的实习场所，而实习场所、实际生产环境等条件是学校不具备的。学校可以通过校企协同育人，与企业进行短期合作，由企业为学生提供实习场所与实操训练设备，并派专人进行指导，使学生对实际生产活动有一个更加深入且全面的认识。

学校课程的设置与教学模式的制定需要以实际生产需要为重要参考，学校是育人机构，课堂中的案例大多是前人在实践中总结出来的间接经验，对于某些专业来说，这种间接经验具有鲜明的时代性，随着时代的发展，其适用性会大打折扣。随着时代的发展，仅靠书本上的案例与经验很难实现人才培养的与时俱进，非常容易造成人才的培养滞后于时代的发展。为了避免教育产生滞后性，学校可以通过校企协同育人，深入企业开展考察与调研，明确产业的发展现状与发展趋势，为教学内容的选择与课程的安排提供现实依据。

浅层次校企协同育人只是停留在合作的表面，学校与企业之间更多的是一种利益交换，而非利益的结合。学校和企业在合作中各取所需，学校仍然是人才培养的主体，企业仅仅是为学校的人才培养提供一定的外部条件支持，弥补学校教育资源的不足，并未深入参与到人才培养中，双方并未组成一个完整的校企协同育人人才培养系统。

（二）中层次校企协同育人

相对于浅层次校企协同育人来说，中层次校企协同育人的合作内容更丰富、合作领域更全面、合作形式更多样。基于中层次校企协同育人，学校与企业在人才培养方面开展全方位的合作，共同成为人才培养的主体。

中层次校企协同育人与浅层次校企协同育人的区别主要体现在"三同培养模式"上。三同培养模式指的是企业与学校共同制订人才培养方案，确定课程大纲，共同实施教学活动，制定评价体系，共同帮助学生完成实习与就业。这种培养方式能在很大程度上帮助学生更加深入地了解社会对人才的需求，使培养出来的学生更加贴近市场和企业的需求。

中层次校企协同育人的显著特点是多领域、全方位、系统性。中层次校企协同育人在我国目前的职业人才培养中已广泛应用。这是因为浅层次校企协同育人的人才培养效果有限，大都仅仅是做表面文章，而许多院校与企业又难以实现充分协调，且受制于自身的发展状况，暂时无法开展深层次校企协同育人。因此，许多院校与企业选择中层次校企协同育人，这种合作模式能够有效提升人才培养的效果，对于学校与企业的发展均大有裨益。

（三）深层次校企协同育人

深层次校企协同育人指的是学校与企业深入融合，双方通过不断深化产教融合，形成利益共同体，相互融合，相互依存，相互促进。与浅层次、中层次的校企协同育人不同，深层次校企协同育人不再将学校与企业明确区分为两个主体，而是双方通过一系列合作机制构建一个人才培养系统，其发展目标不仅包括培养高素质技术技能人才，还包括实现个体的专业化发展、促进学校办学水平的提升、帮助企业获得更大的收益等。

深层次校企协同育人需要学校与企业就人才培养与合作的各个环节进行充分协调，确保双方都获得良好发展。学校根据企业的发展目标与用人需求，确定人才培养方案和科研发展方向，为企业提供人才和智力支持；企业主动对学校进行投资，为学校的发展提供经济保障，为学生的实践技能训练提供场所。这样，学校与企业构成利益共同体，真正实现了教学—科研—开发三位一体发展。在校企协同育人的开展形式上，双方也可以实现深入融合，企业可以将生产车间建在学校中，学校也可以将课堂搬进企业，甚至可以根据教学需求创办企业，使人才的培养与企业的发展充分融合。

深层次校企协同育人不仅能为校企双方谋取福利，更能使专业人才培养的效果发生质的飞跃，助推地区经济发展，实现经济效益与社会效益的统一。

二、根据人才培养方式划分

根据人才培养方式，我国的校企协同育人模式可以分为订单式培养模式、工学交替式培养模式和"2+1"培养模式三种。

（一）订单式人才培养模式

订单式人才培养模式指的是学校根据合作企业的人才需求特点，为其定制一个满足其用人需求的人才培养体系，使学生走出校园后可以直接进入企业并到特定岗位工作。这种人才培养模式具有目标指向性强、人才培养效率高、学生就业稳定、教学内容实践性强等特点。

不同的企业在生产方式、管理方式、人才结构、发展战略、企业文化等方面各有不同，因而不同企业对人才的需求也有所不同。企业应根据自己的发展特点和用人需求，在与学校进行充分沟通的基础上签订委托培养协议，为学校提供资金、技术、实习场所等方面的支持。学校则根据企业需求制订培养计划，安排课程。学生则是在毕业后通过相关考核，直接进入企业工作，实现定向就业。

订单式人才培养方式在职业教育中最为常见，因为其可以实现招生与招工同步、毕业与就业联通、教学与生产融合，学校之所教即企业之所需，学生之所学即岗位之所用。这种培养方式具有很强的目的性与针对性，以企业的具体需求为教学活动的目标指向，学生就业率高，其所学知识与技能实用性强，非常契合职业教育的特点。

订单式人才培养模式是一种校企之间较深层次的合作模式，学校与企业签订的一系列协议表明双方形成了相对稳固的利益共同体，学校根据企业的需求制订人才培养计划，企业深入参与到人才的培养中，为人才培养提供支持。

（二）工学交替人才培养模式

工学交替是一种较为常见的校企协同育人模式。顾名思义，"工学交替"就是一种半工半读的人才培养模式。具体来说，工学交替指的就是学生在入学以后，先在学校进行专业理论知识的学习，然后进入企业，在真实的生产环境中进行锻炼，如此交替往返于学校与企业之间。

工学交替人才培养模式使学生在课堂学习与实践训练之间反复切换，可以帮助学生及时将理论知识运用于实践之中，深化对知识的理解，还可以将实践中遇到的问题带回课堂，及时解决问题。在工学交替人才培养模式中，理论教学与实践训练按照模块化教学的理念进行组合搭配，学生在学习完一个模块的理论知识后，可以及时进行该模块的实践技能训练。这种理论教学与实践训练交替往复的人才培养方式可以帮助教师和学生及时发现问题、解决问题，按部就班地提升学生的知识水平与实践技能。

工学交替人才培养模式被广泛运用于职业院校。在这种培养模式下，学生可以及时地将理论应用于实践，真实地感受职业环境，实现理论与实践的充分融合。学校可以根据学生在工作实习中的反馈，及时发现教学过程中的不足之处，调整教学方式，有针对性地加强理论知识的传授，提升教学质量。企业则可以拥有充足的人才资源，这在一定程度上缓解了短期内人才资源缺乏的问题。

目前，我国工学交替人才培养模式有多种运行机制，需要学校与企业根据自身实际情况来选择。例如，有的学校采取"1+1+1"三段式人才培养机制，即先让学生在学校学习一年的理论知识，然后再到企业进行为期一年的实习，最后回到学校进行一年的知识学习；有的学校采取四段式人才培养机制，将一年的企业实习时间分为两个半年，与学校学习交替进行。

（三）"2+1"人才培养模式

"2+1"培养模式是如今职业院校使用最多的一种人才培养模式。"2+1"培养模式是传统的技能型人才培养模式之一，在学生入学后，先进行2年的理论知识学习，待学生的理论知识框架基本建构完成后，再进行1年的实践技能的训练。值得强调的是，在理论知识教学的同时，学校会进行一定的实践技能教学，以避免教学过程中理论与实践的割裂。两年的理论知识学习加上实践技能教学的辅助可以丰富学生的理论知识，帮助学生树立正确的人生观和价值观，培养学生良好的工作和学习习惯，促进学生综合素质的提升。一年的企业实习则会对学生的职业技能进行针对性的训练，通过让学生参与真实的生产活动，提升学生的实践能力，增强其职业素质。

在"2+1"人才培养模式中，学生的理论知识学习与企业实习并不是交叉进行的，而是让学生先系统地进行理论知识的学习，保证学生具有扎实的基础理论知识，而后让学生到企业进行较长时间的实习，随后进入社会。

目前，职业院校普遍采用的"2+1"人才培养模式与传统"先理论，后实践"的技能型人才培养模式的最大不同点就是，"2+1"人才培养模式在理论教学时重视实践技能的教授，虽然这种实践不是长期、系统的技能训练，但是可以使学生在学习理论知识的过程中明确实践的重要性，且对自身需要具备的技能有一定了解。

三、根据办学主体划分

校企协同育人作为高素质技术技能人才培养的重要途径，其本身是一个完整的人才培养系统，按照办学主体对其进行划分，可以分为校办企业式人才培养模式、行业（企业）自主办学式人才培养模式以及合作办学式人才培养模式三种。

（一）校办企业式人才培养模式

校办企业式人才培养模式的主体是学校，即学校根据自身的特点与优势，结合具体专业的发展目标，开设与专业密切相关的企业。

在校办企业式人才培养模式中，学校是人才培养的主体，具有很强的自主性。学校根据自身的发展方向确定人才培养的具体目标与内容，课程与人才培养模式则是由学校根据自身教育实践与产业发展实际来自主设计的。校办企业式人才培养模式最为显著的优点就是学校对人才的培养不受过多外界因素的干扰，能够按照自己的计划按部就班地进行人才培养。同时，由于企业属学校自主开办，校企双方在具体问题的协调上不会遇到太多的阻碍，校企融合的程度也相对较高。

校办企业式人才培养模式的实施有利于打造集教学、科研、生产于一体的综合教学实践基地，而且该基地兼具生产功能，可以自主创造价值，能够带来一定的经济效益，为学校更新硬件设备、改善教学环境提供经济保障。另外，由于企业是由学校创办的，其生产经营活动更契合学校的发展要求和专业设置，使得校企衔接更加顺利，有利于学校办学水平的不断提升。

（二）行业（企业）自主办学式人才培养模式

行业（企业）自主办学式人才培养模式与校办企业式人才培养模式相对应，要求由政府推动，将原有学校划归行业管理，或者企业自主进行学校的建设。在这种模式下，企业会对用人需求进行科学的分析和评估，学校则根据企业的用人需求，制订教学计划，有针对性地开展职业教育。人才培养的主要任务是满足本行业的用人需求，促进行业发展。

企业自主进行学校建设的形式则进一步提升了企业在校企协同育人中的自主性，使企业成为人才培养的主导。具体来说，企业自主办学的优势是能够使人才培养的目标更加明确，重视学生实践技能的培养与提升，同时企业能够为学校提供强有力的资金与技术支持，不断优化升级学校的硬件设施，为人才培养提供充足的物质保障。

综上所述，在行业（企业）自主办学式人才培养模式中，企业根据自身需要创办学校，学校的人才培养方案与企业的发展基本保持一致，所教即所需；学校则可以与企业形成良好的对接，确保学生走出校门后更加快速地适应工作岗位。学校是企业的一部分，学生学习的过程与参加工作的过程融为一体，在很大程度上提升了人才培养的效率。

当然，企业自主办学式人才培养模式自身也存在一定的缺点，具体表现在以下两点：

首先，企业的生产规模与员工数量有限，而学校每年培养的人才数量则相对较多，进而产生了一定的供需不平衡问题。对于许多中小型企业来说，其岗位需求与对人才的培训需求量都不足以支撑起一所学校，导致部分学生在毕业后难以进入该企业工作。但由于企业办学的课程内容都是根据企业的需求确定的，学生所学理论知识与实践技能的目标指向性非常强，因而很容易造成学生不适应其他企业、其他工作岗位的现象出现。

其次，企业的价值取向与学校有很大的不同，企业以盈利为目标，追逐的是经济效益，而学校以促进学生和社会的发展为目标，追求的是社会效益。两者价值取向的不同易造成两者人才培养目标的不同。人才培养是一项投入人力、财力多，回报周期长的工程，部分企业追求短期的经济回报，强调学生实操技能的训练，忽视学生整体素质的提升，这样既不利于学生个人的发展，也不利于企业的长期发展。

（三）合作办学式人才培养模式

合作办学式人才培养模式主要有三种形式，分别是合作办企业、校企合股办学和校企双方建立合作关系。

合作办企业即在政府的支持下，学校与社会资本共同开办企业。这里所说的合作办企业是人才培养的一种形式，其首要目的是培养高素质技术技能人才。合作办企业对资金的需求量较大，对技术的要求高，需要政府与社会资本的支持。这种校企协同育人形式的优点是企业能够为学校的人才培养提供全面的支持，学校则是人才培养的主导，能够正确引领人才培养的方向。

合作办学的另一种模式是校企合股办学。这种办学模式的目的是提升学校的自主权，让学校充分发挥自身主观能动性，根据实际情况，制订教学计划，选择教学内容，有针对性地开展教学活动，以推动职业教育的发展。这种校企协同育人模式有两个显著的特点：第一，学校与企业共同形成了一个集教育功能、培训功能和生产功能于一体的组织，校企协同育人不再局限于表面，而是深入组织内部，实现了学校与企业的深入融合，使双方实现了共同发展；第二，学校拥有自己的董事会，学校的组织运行方式与企业基本一致。

建立合作关系指的是学校与企业建立合作关系，校企双方充分发挥自身的资源优势，共同办学。在这种模式下，学校是人才的输送者，为企业源源不断地输送人才；企业则会接收学生进行实习，并承担一定量的教学任务，及时向学校反馈实习情况，且优先聘用对应学校的毕业生。

第四章　产教融合背景下校企协同育人模式构建的依据

第一节 产教融合背景下校企协同育人的理论依据

一、协同理论

（一）协同理论的内涵

德国物理学家哈肯（Haken）于 1971 年提出了协同的概念，并于 1976 年对协同理论进行了系统的阐述。协同理论也被称为"协同学"或"协和学"，是系统科学的重要分支理论。

协同理论研究的对象是系统，在人们生活的世界中存在着大量的不同类型的系统。这些系统广泛存在于不同的领域之中，其表现形态、构成要素、内部结构、功能属性等不同。这些系统有的属于自然生态系统，有的属于社会人文系统，有的是宏观系统，有的是微观系统。虽然这些系统看起来不同，但是它们都具有深刻的相似性。协同理论正是为了认识系统及其内部结构的发展变化而形成的理论。协同理论主张通过建立完整的数学模型和制订完善的处理方案，从微观和宏观出发，对各种系统中由无序转为有序的现象进行描述，并着重探讨其中的相似性。

（二）协同理论的内容

协同理论具有广泛的适用性，将其用于校企协同育人中，有利于培养高素质技术技能人才。

在产教融合引领校企协同育人的过程中，校企合作需要学校与企业之间深入融合，且这种合作贯穿高校人才培养的整个过程。可以说，在校企合作中，学校与企业之间构成了一个相对完整的人才培养系统。在这个系统中，学校与企业充分发挥自身的资源优势，以保证学生能够在系统学习产教融合理论知识的同时，获得足够的实践训练机会。而这个校企合作育人系统的合理运作就需要以协同理论为指导。

1. 利益协同

利益协同是校企合作系统中各主体需要首先处理的问题。学校与企业看重的利益有所不同：企业以追逐经济效益为目标，在现实发展中更加强调经济利益与现实价值；学校则更加看重长远利益和社会利益，因为学校承担着为国家培养人才的重任，经济利益并不是其主要追逐目标，所以在管理过程中，学校会舍弃一部分经济利益，以换取更多的社会利益和综合效益。

因此，若想实现学校与企业在人才培养领域的充分融合，就必须寻找双方的利益契合点，实现利益协同。只有以共同的利益为基础，校企双方才能深入地开展合作。

2. 战略协同

协同理论对校企合作育人系统发展战略的制定具有重要的指导作用。战略代表着系统中各个子系统的发展方向，只有当各个子系统的发展方向相对统一时，系统才能不断发展。在产教融合引领校企协同育人的过程中，战略协同程度的紧密与否，与政府、学校、企业之间的利益取舍有很大的关系。比如，政府考虑的主要是促进社会整体发展，学校考虑的主要是人才培养水平与办学能力的提升，企业主要追求的是提升经济效益与市场竞争力。不同的利益出发点影响着各主体发展战略的制定，因而强调利益协同的重要性。

利益协同是校企合作的基础，而校企合作的全面展开则需要政府、学校和企业之间充分协调，共同制定校企合作育人系统的总体发展战略，各主体的具体发展战略则需要以总体发展战略为出发点，不能背离总体发展战略的基本路线。

3. 资源协同

资源协同就是将系统中各个子系统的资源进行整合并加以充分利用，这是系统发挥协同效应的关键。

在校企协同育人中，资源协同指的是学校与企业充分发挥自身的教育资源优势，为学生提供良好的理论学习环境和实践训练环境，深入推进产教融合，帮助学生更好地实现工学结合，以期提升综合素质。

学校拥有的资源主要包括教学资料、教师资源、教育管理资源、教育信息资源以及各种教育基础设施资源等。这些教育资源是学生系统地进行专业知识学习必需的资源，可以帮助学生夯实专业基础。企业拥有的资源主要包括资深从业人员、实习场所、资金等。学校与企业之间的资源具有很强的互补性，双方应发挥自身的资源优势，对人才进行联合培养。

4. 文化协同

在校企协同育人系统中，不同主体之间的文化存在一定的差异，这就要求各主体之间须通过互动、对接、协调、整合后形成一种和谐文化体系，而文化的和谐是系统持续发展的重要保障。

企业文化指的是企业在长期的生产经营活动中形成的且受企业成员普遍认可的价值观念、思维模式和行为规范。校园文化是在长期的教学实践中形成的且受学校师生普遍认可的价值观念、思想意识、教学理念及校风学风等。校企文化协同需要学校与企业以育人为核心，充分汲取对方文化中的有利因素，并将其整合形成科学、合理的校企协同育人文化。

（三）基于协同理论的产学研合作

产学研合作是协同理论在教育实践中的典型应用之一，下面我们从产学研合作这一模式来深入理解协同理论。

1. 产学研合作概述

产、学、研对应企业、高校与科研机构三个主体。产学研相结合指的就是生产、教育与科研三种不同类型的社会活动的协同化发展，即企业、高校与科研机构充分利用自身的资源优势，发挥自身的功能，形成合力，使生产、教育与科研相辅相成，互相促进。

在产学研相结合的发展模式中，企业是生产活动的主体，也是技术和人才的需求方，教育与科研的直接目的是为企业提供人才支持。国家十分重视应用型人才的培养，产学研相结合可以帮助国家探索出一套应用型人才培养的新模式。2010年，《国家中长期教育改革和发展规划纲要（2010—2020）》明确提出，创立高校与科研院所、行业、企业联合培养人才的新机制。

2.产学研合作的功能

产学研合作创新了我国应用型人才的培养机制，为我国应用型人才的培养找到了新的路径。

从个人发展的角度看，产学研合作能够将理论知识学习与实践技能训练充分结合，使学生更好地将所学知识运用到实践中，并通过实践深化对知识的理解，从而帮助学生更加平稳地完成从校园到企业的过渡。

从行业和企业发展的角度看，产学研合作能为企业源源不断地提供人才和技术支持，为企业提供高素质技术技能人才，提升企业的市场竞争力。服务与技术升级对于企业来说是十分必要的。企业的生存与发展也如同逆水行舟，不进则退。企业要想在激烈的市场竞争中站稳脚跟，就必须不断地升级自己的服务与技术，提升自己的市场竞争力，只有这样，企业才能在行业竞争中占据优势。

产学研合作对科研机构同样具有良好的促进作用，科研机构具有强大的科研能力，但是缺乏实践支撑，其实践案例大多体现的也是其他企业发展的间接经验。经典案例虽然具有参考价值，但是也存在一定的时效性。随着技术的进步与经济全球化的不断深入发展，各行业风云变幻，新的经营理念、新的经营模式以及新的业态不断涌现，许多相对陈旧的案例与实践经验不足以支持当前的科研活动，运用这些案例开展科研活动，难以获得理想的研究成果。企业拥有充足的经营经验，可以为科研机构提供大量的研究样本和实践案例，也可以为科研机构提供实验场所。而产学研充分合作可以帮助科研机构获取当前行业的直接经验，保证科研成果对行业当前的发展具有较强的指导意义。另外，高校也能够为科研机构提供强有力的智力支持，为科研机构源源不断地输送人才，确保科研活动高质量开展。

综上所述，产学研合作能够实现企业、学校、科研机构与个人的多方共赢，可谓一举多得。

二、认知主义学习理论

（一）认知主义学习理论的内涵

认知主义学习理论的研究重点是知识的实质、知识的获取以及知识的创造性应用等。与行为主义学习理论强调外部环境与知识输入的作用不同，认知主义学习理论强调学习过程、直觉思维、内在动机和思维提取。认知主义学习理论认为，学习是学习者对所接收信息的自主加工的过程，学习者自身已经掌握的知识和经验对新知识的接收和理解具有重要的影响，教学的过程不是教师向学生单向灌输知识的过程，而是学生在教师的帮助下主动参与到学习活动当中，主动探索和理解知识的过程。

（二）认知主义学习理论的观点

1. 认知—目的说

认知—目的说由美国心理学家托尔曼（Tolman）提出，他在位置学习实验和奖励预期实验的基础上，得出了结论：学习是有目的性的活动，是期待的获得，是在学习目标引导下的认知过程。在他看来，个体在达到目的的行为过程中，会遇到各种不同的环境条件，只有对这些环境条件有充分的认识，才能妥善应对，最终达成目的。而对环境条件的认知过程是为达到目的而采取的手段。

2. 认知发现说

认知发现说是由美国心理学家布鲁纳（Bruner）提出的学习理论，其主要有三个方面的内容。

首先，认知发现说认为，学习是人类主动形成和完善认知结构的过程，学习者通过学习将新的知识融入自身的认知结构，形成新的认知结构，从而获得发展。

其次，认知发现说强调对各门学科基本知识结构的学习和掌握，认为在教学过程中应该帮助学生理解和掌握基本的学科结构与知识体系，加深学生对知识的理解。

最后，认知发现说倡导发现学习，即在教学过程中，鼓励学习者通过自己的独立思考去发现自己未曾认识的知识点以及不同知识之间的联系，还包括其他通过自身思考获得知识的形式。

总之，认知发现说强调学习者通过自身的思考与领悟获取知识，认为学习的过程就是学习者对已有的知识结构进行扩容和重构的过程。在这个过程中，学习者不仅要习得新知识，更重要的是培养与提升认知能力。

（三）认知主义学习理论在产教融合中的应用

认知主义学习理论在产教融合中应用的实质是寻求教学过程与生产实践的有机结合，达到深入理解知识和熟练运用实践技能的目的。产教融合中的认知主义学习理论具有独特的学习理念和教育理念，对现代教育改革具有重要的理论指导意义。

首先，产教融合环境中的认知主义学习理论强调学习者在知识获取和技能掌握过程中的主体性，即强调学习者在学习过程中的主动性和自我决定性。在产教融合中，学习者不仅需要在理论学习中主动获取知识，还需在实践中主动思考、探索，逐渐实现对知识的深度理解和对技能的熟练掌握。这样的学习实际上是对学习者认知结构的持续优化和拓展，能使学习者更好地适应复杂多变的生产环境，更加有效地解决实际生产中的问题。

其次，产教融合环境下的认知主义学习理论强调学习的情境化，也就是说，知识的获取和技能的掌握必须建立在生产实践的基础上，只有这样，学习者才能更好地理解和掌握知识，更有效地运用技能。在产教融合的环境中，学习者需要将理论知识和实际操作紧密结合，通过在实际生产环境中的操作和实践，逐步实现对理论知识的深度理解和对实践技能的熟练掌握。这样的学习方式有助于提高学习者的学习效率，促进学习者全面发展。

最后，产教融合环境下的认知主义学习理论强调学习者的参与性和师生间的互动性。在产教融合的环境中，教师不仅是知识的传授者，还是学习者的引导者和协助者，需要在教学过程中引导学习者主动参与到学习活动中，鼓励学习者自我探索和自我发现，并通过与学习者的互动和反馈，不断调整和优化教学策略，以适应学习者的学习需求和学习能力的变化，从而提高教学质量。同时，学习者需要在教学过程中主动反馈，通过与教师的交流和互动，及时发现和解决学习中的问题，不断提升自己的学习能力。

当然，认知主义理论在产教融合中的应用也面临着一些挑战。比如，如何将理论知识和实际操作有效结合，如何在具体的生产环境中实现有效的教学，如何提高学习者的学习主动性和自我决定性，等等。这些挑战需要政府、企业、学校在实践中不断探索和应对。同时，学校需要持续研究和发展认知主义学习理论，以便更好地指导产教融合的实践，全面提升教学质量，培养出符合企业需求的高素质技术技能人才。

三、能力本位教育理论

（一）能力本位教育理论的内涵

能力本位教育理论是一种以能力培养为中心的教育理论，其本身是从技术工人再培训的过程中总结衍生而来的，因而适用于职业教育，在其提出后不久，就被逐渐运用于职业教育与职业培训当中，并被广泛传播到世界各地。在职业教育中，能力本位教育理论强调对学生职业能力的培养，既包括专业知识体系的建构，也包括实践能力的培养，倡导在教学实践中使用灵活、多样的教学方式，不再将具体的学科知识和学历水平作为培养学生的核心，而是重视学生的实践训练和创新能力的培养。

能力本位教育理论强调学生的全面发展，不仅关注学生的知识掌握情况和技能熟练程度，还重视学生正确价值观的培养。这种教育理论认为，教育的目的不仅仅是传授知识，更重要的是帮助学生形成自主能力和创造能力，从而使他们在未来的职业生涯和社会生活中灵活应对各种挑战。

能力本位教育理论与强调学生职业技能与职业素养培育的职业教育具有非常强的适配性，在能力本位教育理论的指导下，职业教育更加注重学生实践能力的培养，鼓励学生主动探索、发现问题、解决问题。这种教育理论要求教育者在教学设计中充分考虑学生的实际需求，将知识传授与能力培养有机结合，创设丰富多样的学习场景，以激发学生的学习兴趣和动力。

能力本位教育理论还强调教育者与学生之间的互动和沟通，认为教育者应当关注学生的个性差异，尊重学生的主体地位，发挥学生的主动性和创造性。

（二）能力本位教育理论的特征

1.以能力培养为核心

能力本位教育理论将学生能力的培养置于教育的核心地位。这一特征表现在教育者对学生知识、技能、态度、价值观等方面的全面关注。

首先，能力本位教育理论强调知识的重要性，但不将知识传授作为教育的唯一目标。教育者需要在教学过程中关注学生对知识的掌握程度，同时将知识与实际应用相结合，帮助学生形成系统的知识体系。通过将知识与实际场景相结合，学生能更好地理解和运用所学知识，提升分析和解决问题的能力。

其次，能力本位教育理论强调实践技能的培养。教育者要组织开展各种实践活动，如实验、实习等，使学生在实践中不断提高实践能力。

最后，能力本位教育理论强调学生良好态度和正确价值观的培养。教育者应在教学过程中关注学生的情感和态度变化，引导学生树立正确的价值观和世界观，增强学生的责任感，强化合作精神和创新意识等。

2.注重实践应用和创新能力培养

能力本位教育理论强调学生的实践应用能力和创新能力的培养，旨在使学生在实际工作和生活中能够灵活应对各种挑战。为实现这一目标，教育者在课程设计、教学方法和评价体系等方面需要进行改革和创新。

首先，能力本位教育理论要求学校对产教融合背景下校企协同育人的课程设计进行改革。能力本位教育理论强调，课程设计应以提高学生的实践应用能力和创新能力为核心目标。为此，学校要设计出一套更加符合现代社会需求的课程体系，使其更加注重实践应用，更加强调创新能力的培养。这样的课程设计能够更有效地提高学生的实践应用能力和创新能力，使他们在未来顺利就业。

其次，在产教融合引领校企协同育人中，学校还需要改革教学方法。能力本位教育理论强调，教学方法应以提高学生的实践应用能力和创新能力为主。为此，学校需要尽可能地增加更多的实践教学环节，使学生在实践中提高能力，并鼓励学生创新，指导他们在实践中找到新的解决问题的方案。这样教学能够更有效地提高学生的实践应用能力和创新能力，使他们在面对未来的挑战时更加从容。

最后，要改革评价体系。能力本位教育理论强调，评价体系应以评价学生的实践应用能力和创新能力为主。为此，学校需要建立一套全面和公正的评价体系，使其更加注重实践应用能力和创新能力的评估，而非仅仅依赖传统的评价方式。这样的评价体系既能够更全面地评估学生的能力，也能更客观、科学地反映学生的综合素养。

3. 强调个性化和差异化教学

能力本位教育理论注重学生的全面发展。每一个学生都是独特的，拥有不同的兴趣、才能和潜力。因此，教育不应采取"一刀切"的模式，而应针对每个学生的特点和需求进行个性化和差异化的教学。这种教学方法不仅能够最大限度地挖掘和发展学生的潜力，还能够激发他们的学习兴趣，从而提高他们的学习效率。

在产教融合背景下，以能力本位教育为核心理念，校企协同育人为个性化和差异化教学提供了良好的条件。通过学校和企业的协同，教育者可以更好地了解学生的需求和情况，从而更好地进行个性化和差异化教学。例如，企业可以提供关于学生实习表现的反馈，学校可以根据这些反馈调整教学计划和方法，为学生安排更为实用的教学内容和技能训练，以更好地满足学生的需求，提高他们的实践应用能力和就业竞争力。

四、人力资本理论

（一）人力资本理论的诞生

人力资本理论源于经济学的研究，是经济学的重要理论之一，于20世纪60年代由美国经济学家舒尔茨（Schultz）和贝克尔（Becker）提出。

该理论将资本划分为物质资本与人力资本。物质资本指的是人类生产活动中所包含的物质产品的资本，包括机器、原材料、厂房、土地等；人力资本则是体现在生产者身上的资本，即对生产者进行教育、培训，以及开展其他方式的培养等项目的投资，表现为生产者自身拥有的知识、技能、经验等综合素质的总和。

相较物质资本，人力资本具有以下特点：其一，人力资本是基于人的身体而产生的，因而人力资本是不能买卖的，只能通过租赁的形式发挥其价值。其二，人力资本具有时效性和个体差异性，这是因为人力资本效能的发挥是与人的个体活动紧密相关的。人类不是机器，不会始终开展同一生产活动，即使从事同类型的工作，通常也不会永远坚守在同一岗位、同一地点。另外，人类个体之间存在巨大差异，这种差异体现在性格、价值观、行为方式、知识与能力等各个方面，因而人力资本具有显著的实效性和差异性。其三，人具有社会性，因而人力资本不是一种经济资源，而是一种社会资源，其对经济增长的促进作用要强于物质资本。

（二）人力资本理论的内容

1. 人力资本的作用大于物质资本的作用

在现代化的生产条件下，劳动生产率的大幅度提升正是人力资本投入不断增加的结果。从另一个角度看，生产技术水平的提升也是人们在社会实践的基础上，充分发挥主观能动性，进行科技创新的结果。第二次世界大战以后，世界上许多国家的经济迅速发展，这是因为这些国家重视人力资本投资。如果不重视人力资本的投资，物质资本投入再多也无济于事。

当然，经济的增长是人力资本与物质资本共同作用的结果，两者缺一不可。在生产实践中，政府应该重视人力资本投资与物质资本投资的协调，以保证经济健康发展。

2. 人口质量重于人口数量

人力资本主要包括两个方面的内容：一是人口质量，即人口素质；二是人口数量。相较人口的数量，人力资本理论更重视人口质量。在农业社会，人口数量对国家的发展具有显著的作用，但是当人类历史迈入工业社会乃至信息化社会后，劳动力素质就成了社会生产力发展的首要推动力。在当今这个注重创新的社会，人口质量的提升是创新的重要源泉，也是促进生产力发展的重要前提。可以说，空有数量而没有质量的人力资源难以对经济的发展起到显著的促进作用。

3. 人力资本投资的核心是教育投资

人口质量的提升是人力资本理论的关键内容。人力资本投资是提升人口质量的重要途径，而人力资本投资的最常见也是最有效的方式就是加大教育投资。纵观世界上社会经济发展水平较高的国家，其大部分对教育非常重视。不同国家或地区的人们在先天素质上并无较大差异，但由于后天教育条件的不同，人口素质之间的差距就会逐渐显现，最终造成不同国家发展差距较大。教育投资具有一定的滞后性，但从长远的眼光来看，相对于短期的物质投资来说，教育投资的回报要远高于物质投资，这也是人力资本的作用大于物质资本作用的体现。[①]

（三）人力资本投资的形式

人力资本投资的形式有许多种，从纵向看，涵盖了个体成长过程中为丰富知识、提升技能所进行的各项投资；从横向看，包括个体为创造更多价值而进行的一系列投资。人力资本投资的形式主要包括以下几种：

1. 教育投资

教育投资是人力资本投资的核心组成部分，是人力资本形成的最主要途径。教育投资指的是通过付出一定的成本来获得正规、系统的学校

[①] 崔静静，龙娜娜，房敏，等. 新时代地方本科院校"双师型"教师队伍建设研究[M]. 北京：冶金工业出版社，2020：41-42.

教育机会。教育对于人力资本的促进作用主要表现在三个方面。

（1）提升个体的科学文化知识与技术水平。教育的首要任务就是传授知识与技能，受教育者通过教育活动可以丰富自身的科学文化知识，也可以提升自己的技术水平。丰富科学文化知识可以提升受教育者的认知能力，提升技术水平则可以帮助受教育者提升工作效率。

（2）培养和提升个体的思维能力。教育是智育的主要方式，既可以传授科学文化知识又能强化专业技能，还能通过教学活动锻炼受教育者的思维能力。思维能力的提升可以帮助个体更好地应对形形色色的问题，即使受教育者没有在学习的过程中接触过具体的问题，也能根据自己掌握的知识与技能，充分发挥主观能动性，调动自己的思维去应对和解决问题。此外，教育还能培养人们的自主学习能力和创造性思维能力，这两种能力都是提升个体素质必不可少的。

（3）提高个体的道德水平。教育不仅具有智育的功能，还有德育与美育的功能。德育的核心是提升个体的思想道德素养，美育的核心是提升个体的综合审美素养，无论是德育还是美育，都倡导人们崇尚高尚的、美的事物，远离丑恶的、低劣的事物，这既是教育的目的，也是教育开展的途径。教育投资可以使个体在系统学习知识与技能的同时，提高道德水平。由此也可以看出，教育是人力资本投资最核心的部分。

2. 健康投资

健康投资指的是通过医疗、卫生、保健的投资提升人们的健康水平，进而提升人们的生产能力。人力资本的核心载体是人，人的生产能力是通过身体机能发挥作用而产生的，因而无论从事脑力劳动还是体力劳动，拥有健康的身体是人们进行生产活动最重要的前提。健康投资旨在保护个体的身体健康，只有有健康的身体，个体才能创造更多的价值。

3. 职业培训

职业培训与学校教育相对应，是一种由社会组织的教育投资，职业培训的组织者是企业、培训机构等社会组织，目的是增强人的技能，使人能够更好地开展生产活动，创造更多的价值。职业培训是学校教育的重要补充，是个体迈出校园，走上工作岗位后获取知识与技能的重要途径。职业培训具有很强的目标指向性，其根据个体从事的具体职业开展培训，强调个体专业能力的提升，对人力资本的形成和个体能力的提升具有很强的推动作用。

4.迁移投资

迁移投资是人口或劳动力出于获取更多的利益、提升收入水平或满足自身偏好的目的，从一个地方或者产业转移到另外一个地方或者产业所付出的成本或投资，这种投资可以提升人力资本的配置效率，使人力资本的配置更加科学合理，进而创造更多的价值。劳动力流动本身不能增加人力资本的存量，但是劳动力的流动能够优化社会各产业之间的人力资本配置，进而提升劳动生产率，产生更多的价值，因而迁移投资也是人力资本投资的途径之一。

（四）人力资本理论的作用

人力资本理论强调人力资本在经济发展中的核心地位，以及教育在提升人力资本质量中的关键作用。随着产业升级、技术创新的发展，社会对人才的需求也在不断增加。校企协同育人模式应运而生，它结合了企业的实际需求与教育的理论培养，为人才的培养提供了新的路径。人力资本理论对于产教融合、校企协同育人模式有着重要的指导作用。

首先，人力资本理论强调教育投资的重要性，它为校企协同育人模式提供了理论支撑。人力资本理论将教育视为人力资本的重要源泉，强调教育对于提升人力资本质量的关键作用。在产教融合、校企协同育人模式中，教育不仅是传输知识、技能的渠道，更是连接学校与企业、理论与实践的纽带。教育能够为学生提供个性化、差异化的培养模式，使学生能够更好地适应社会和职业的需求。同时，教育是企业获取和培养人力资本的重要途径，企业则通过参与教育对人力资本进行投资，从而提升企业的核心竞争力。

其次，人力资本理论强调个体差异性，为校企协同育人模式提供了方法论的指导。人力资本理论认为，人力资本不仅具有时效性，还具有个体差异性。每个人都有自己的特点和优势，适应不同的工作岗位和职业发展路径。在产教融合、校企协同育人模式中，教育机构和企业应该充分考虑学生的个性化和差异化，提供个性化的教育和培训，帮助学生找到最适合自己的发展路径。这种模式不仅能够提高教育的效率和效果，也能够提高企业的人力资源配置效率，优化人力资本的配置。

最后，人力资本理论强调人力资本的社会性，为校企协同育人模式提供了更高层次的指导。人力资本理论指出，人力资本不仅是个体的属性，也是社会的资产。产教融合、校企协同育人模式是培养人才的新方式，更是社会发展的重要驱动力。学校和企业通过合作，可以开展更高质量的教育，培养出更优秀的人才，为社会提供更多的人力资源，推动社会的进步。同时，这种模式能促进社会的公平和公正，通过提供更多的教育机会，使更多的人获得高质量的教育。

在今后的实践中，学校和企业应该继续深化对人力资本理论的理解和应用，推动产教融合、校企协同育人模式的发展，为社会的进步作出更大的贡献。

第二节 明确产教融合背景下校企协同育人的目标

一、培养符合社会需求的人才

在现代社会，人才的需求不再是单一、静态的，而是多元、动态的。这就要求教育体系能够及时跟上社会发展的步伐，为社会提供符合需求的人才。而产教融合的校企协同育人模式正是回应了这一需求。

在校企协同育人模式下，企业起到了至关重要的作用。企业在行业中处于前沿位置，对市场变化、技术发展有着敏锐的洞察力。因此，它们能够直接、实时地了解行业的最新需求，包括需要何种专业技能、需要人才具备怎样的素质等。企业可以将这些信息反馈给学校，使学校能够及时地对课程内容、教学方法进行调整，以期更好地满足行业和社会的需求。企业提供的信息不仅包括具体的专业技能，还包括对人才综合素质的需求。例如，企业可能需要具有团队合作能力、创新能力、跨文化交际能力的人才，这些需求对于学校来说同样是重要的参考因素。学校可以参考这些信息，对其培养方案进行优化，从而培养出更符合社会需求的人才。

二、提升教育水平

校企协同育人模式是推动高等教育改革，提升教育质量的重要方式。企业的参与无疑是对传统教育模式的一种挑战，也是教育创新的一种推动力。在传统的教育模式中，学校通常是教育的主导者，而学生是被动的接受者。教学活动主要在课堂内进行，强调理论知识的传授，而对实践操作和实际经验累积的关注相对不足。然而，随着社会和经济的发展，这种教育模式的局限性逐渐显现。企业的参与为改变这一现状提供了可能。

企业不仅是经济活动的主体，更是社会实践的重要场所。在企业中，学生可以亲身参与实际工作，从中得到真实、具体的实践经验。这种实践经验，无论对学生专业技能的提升，还是对其综合素质的培养，都具有重要的意义。因此，企业的参与可以使教育内容更加贴近实际，使学生在学习过程中，不仅能够掌握理论知识，还能够获取实践经验，提高自身的技能水平。此外，企业的参与还可以引入更多的教育资源。企业通常拥有丰富的实际操作设备和专业技术人员，可以为学校所用。这些资源的引入可以使学校的教育设施更加丰富，教学方法更加多元化，进一步提高教育的质量、强化教育效果。企业的参与还可以促进教育的创新。企业通常具有较强的创新意识和创新能力。这种创新精神的引入可以为学校的教育创新提供源源不断的动力。学校可以借鉴企业的经验，调整教育理念，改革教学方法，从而使教育更加适应社会的发展需求。

三、提升学生就业竞争力

在当今社会，随着就业市场的竞争日益激烈，新的就业者不仅需要有扎实的专业理论知识，还需要具备一定的实践技能和经验，这样才能在众多的求职者中脱颖而出。在校企协同育人模式中，企业提供的实习机会就是一种能够帮助学生提升自身就业竞争力的极好的方式。

企业实习为学生提供了一种将所学知识应用于实践的机会。学校的教学通常侧重理论知识的传授，而实际工作往往需要更多的实践技能。通过实习，学生可以把在课堂上学到的理论知识运用到具体的工作场景中，进一步加深对专业知识的理解，同时提高实践技能，为未来的工作打下坚实的基础。同时，实习可以帮助学生建立职业网络，获取更多的职业发展信息，使自身的职业规划有更明确的方向。实习可以帮助学生提前积累工作经验。在求职过程中，工作经验往往是雇主最看重的一点。通过实习，学生可以在在校期间积累一定的工作经验，提高自己的就业竞争力。有实习经验的学生在求职时，无论是在面试技巧、职业素质，还是在工作能力上，通常都具有一定的优势。

四、促进区域经济发展

在知识经济时代，人才已经成为推动经济社会发展的重要力量。校企协同育人模式，通过优化教育资源配置，强化人才培养效果，为区域经济发展提供强大的人才支持。

校企协同育人可以为社会提供大量的高素质人才。企业作为市场的主体，对人才的需求有着直接的感知。在参与人才培养的全过程中，企业可以使培养的人才更加贴近市场需求，提高人才的就业率，从而为社会提供大量的高素质的就业人才，推动社会经济的发展。校企协同育人可以为区域经济社会发展提供人才保障。一方面，高等教育的发展推动了地方经济的繁荣，大量毕业生在本地就业，既解决了就业问题，又为本地经济发展提供了人才支持；另一方面，企业通过提供实习、就业等机会，也为区域经济的发展提供人力资本支持。

企业参与人才培养可以提升自身的创新能力和竞争力。通过与学校的合作，企业不仅能够获得优秀的人才，也能够获取学校的科研成果和创新技术。这些新的知识和技术可以帮助企业提升创新能力，增强企业的竞争力，从而推动企业的发展。企业的发展又可以带动区域经济的发展，形成良性的发展循环。

校企协同育人也有助于推动区域经济的结构调整和升级。在现代经济社会中，经济结构的调整和产业的升级成为区域经济发展的重要任务。而人才是推动这一进程的关键因素。校企协同育人可以培养出掌握先进技术和知识的高素质人才，推动高新技术产业和战略性新兴产业的发展，助力区域经济的结构调整和升级。

第三节　厘清校企协同育人主体的地位与作用

一、政府是引领

政府在校企协同育人中扮演着重要的角色，其引领、组织和保障的功能对于协同育人系统的有效运作至关重要。作为政策的制定者、社会服务的提供者和人才的需求者，政府在教育改革和新时代人才培养方面具有重要的责任和使命。

作为重要的育人主体之一，政府在协同育人中的引领作用不可忽视。政府具有整体规划和战略决策的能力，可以明确协同育人的目标、方向和重点领域。政府能够通过宏观的视野和资源调配来引导学校和企业的合作，推动协同育人的深入发展。政府还可以促进不同主体之间的沟通和合作，建立协同育人的平台和机制，为学校和企业搭建交流合作的桥梁。

政府作为政策制定者，可以通过制定相关政策来支持和保障协同育人。协同育人涉及多个主体的利益和需求，不同主体之间往往存在利益是否契合的问题。政府可以通过制定政策给予协同育人主体不同类型的支持，从而促进利益的契合与协同育人的顺利进行。例如，政府可以通过财政补贴、税收优惠等经济支持措施，鼓励企业为学校提供实践基地和实习机会；政府可以制定相关法规和政策，明确学校和企业在协同育人中的权利和义务，确保协同育人的公平、公正和可持续发展。

政府还可以通过政策引导，推动协同育人的质量提高和创新发展。政府可以组织专家、学者和行业领军人物参与协同育人的评估和指导，进行专业知识和经验分享。政府可以鼓励学校和企业开展联合研究和技术创新，推动协同育人与产业发展的有机结合。政府还可以建立协同育人的监测和评估体系，定期对协同育人的效果进行评估和反馈，及时发现问题并采取相应的改进措施。通过政策引导，政府可以为协同育人提供持续的监督和支持，确保其在质量和效果上不断提升。

政府还可以在资源配置和公平性方面发挥作用，确保协同育人的公平与可持续发展。政府可以投入资金和资源，支持学校和企业共同建设实践基地和实验室及购买设备，改善协同育人的硬件条件。政府可以建立公平竞争的机制，推动企业的参与和合作，鼓励他们为学生提供多样化的实践机会和岗位培训。政府还可以加强对协同育人的监管和评估，确保各方遵守相关规定，维护协同育人的公平性，并保证其质量。

政府在协同育人中的角色也体现在宣传和推广方面。政府可以组织宣传活动，提高社会对协同育人的认知度和重视程度。政府可以奖励校企合作成功的单位并请其进行经验分享，激励更多学校和企业参与协同育人。政府还可以与媒体合作，加大对协同育人的宣传力度，营造良好的舆论氛围，推动协同育人的深化发展。

二、高校是主导

（一）丰富教育内容

在当今社会，高校和企业的协同合作已成为人才培养的重要形式。其中，高校在教育内容的设定和丰富方面具有不可或缺的作用。高校在知识探索和研究上具有显著的优势，这种优势不仅体现在理论研究的深度和广度上，更体现在知识创新和应用转化的能力上。高校可以通过开展科学研究来探索未知的领域，为企业、社会开拓新的知识领域。

这种研究和探索的过程使高校能够积累大量的新知识、新技术，这些新的知识和技术如同河水，源源不断地流向教育的海洋，为教育注入了新的活力。而这些新的知识和技术也可以转化为教育内容，丰富课堂教学，使课堂教学更具时代感，更具前沿性，更能满足社会的需求。这也是高校在教育内容丰富方面的优势，高校可以根据社会的变化，根据企业的需求，不断调整和优化教育内容，使教育内容与社会的实际需求紧密结合，从而提高教育的效率，强化教育的效果。高校还可以通过各种教育活动，将这些新的知识和技术传递给学生。比如，他们可以通过开设课程、组织讲座，让学生在亲身参与的过程中感受新知识的魅力，体验新技术的力量，从而在理论学习和实际操作中得到全面的发展。而这种全面的发展正是社会对人才的期待，也是企业对人才的需求。

丰富的教学内容可以使学生在学习过程中对新知识、新技术有更深入的理解，帮助其提高创新思维能力，培养问题解决能力。这对于他们未来的职业发展，对于他们成为符合社会需求的人才具有重要作用。

（二）整合教育资源

在今天这个信息量大且更新速度快的时代，教育资源的获取、整合和应用变得尤为重要。高校作为教育的主导者，无疑在教育资源的整合方面具有绝对的优势。这种优势不仅体现在教育资源的丰富程度上，更体现在教育资源的应用和整合能力上。

高校拥有大量的教育资源，这些资源包括教师资源、教学设施资源、校园环境资源等。首先，教师资源是高校宝贵的资源。高校拥有一批专业知识扎实、教学经验丰富的教师，他们不仅可以传授专业知识，还可以引导学生形成正确的学习态度、掌握有效的学习方法，为学生的全面发展提供支持。其次，教学设施资源也是高校的重要资源。现代化的实验室、先进的实验设备、丰富的图书资源等为学生的学习提供了良好的条件。最后，校园环境资源也是高校的重要资源。优美的校园环境、良好的学术氛围、多元的文化活动等有助于提升学生的综合素质。

在校企协同育人的过程中，高校通过整合这些资源，为企业提供人才培养的场所和条件。高校可以开放实验室，提供实习场所，组织学术讲座，甚至设立特定的课程，以满足企业的具体需求。这样一来，企业不仅能够更深入地参与人才培养的全过程，也能够更直接地受益于教育成果。高校还可以通过与企业的深度合作，引入企业的优质资源。企业的技术资源、实践资源、管理资源等可以作为教育的补充，并对教育资源进一步丰富和完善。比如，高校可以引入企业的先进技术，让学生在实际操作中学习和掌握这些技术；可以借助企业的实践资源，让学生在实习中获得工作经验；还可以借鉴企业的管理经验，让学生在课程中学习和理解现代企业的管理模式和原则。

不同类型教育资源的整合和利用，不仅可以提高教育的效率、强化教育效果，还可以更好地满足社会和企业对人才的需求，实现教育的社会化和产业化。因此，可以说，高校是教育资源的整合者，其通过整合各种资源，为学生、企业、社会提供了优质的教育服务。

（三）创新育人模式

作为教育最重要的主体，高校是育人模式的构建者。校企协同育人作为一种全新的育人模式，若想实现理想的育人目标，就必须立足实践，不断创新育人的模式。当今时代，传统的教育模式已经难以满足社会和企业对于人才多元化、高素质化的需求。面对这样的挑战，高校应该站在教育改革的前沿，通过教育理念、教学方法、育人模式等各个方面的创新，实现人才培养的个性化、应用化，以更好地适应社会发展的需要。

教育理念的创新是高校育人模式创新的基础。教育理念关乎教育的本质和目标，影响着教育活动的每一个环节。随着社会的进步和发展，高校需要放弃过去过于注重理论知识的教育理念，转向更注重对学生实践能力和创新能力培养的方向。这不仅意味着高校需要重新审视教育目标，也意味着高校需要调整教育方法，使之更符合新的教育理念。教学方法的创新是高校育人模式创新的关键。教学方法影响着教育的效果，是实现教育目标的重要手段。在信息化、网络化的今天，高校需要从传统的教学方法转向更加生动、直观、互动的教学方法，如翻转课堂、项目式学习等。这些新的教学方法可以激发学生的学习兴趣，提高他们的学习效率，更能够培养他们的自主学习能力和团队协作能力。人才培养模式的创新是高校育人模式创新的核心与主体。育人模式涉及教育的整体布局和运行机制，决定了教育的质量和效益。在当前的社会环境下，高校需要打破传统的、以学校为中心的育人模式，转向更注重校企合作、实践教学的育人模式，这种模式不仅能够将教育和实际需求更紧密地联系起来，还能够提供更多的实践机会，使学生在实践中学习，在实践中成长。

三、企业是主体

在校企共同体中，企业是一种独特的存在，它既是人才、智力和技术资源的需求者，也是人才培养的重要主体。这样的双重角色让企业在高等教育人才培养中发挥着关键的作用。

（一）实践教学主体

在校企协同育人中，企业承担着实践技能训练的重要任务。随着社会的快速发展和产业的升级转型，其对人才的需求也在不断变化。在这样的环境下，人才不仅需要具备扎实的理论基础，还需要具备出色的实践能力。理论知识的学习固然是必不可少的，但只有理论知识却缺乏实践经验的人才是难以适应现代社会的发展需求的。

企业是社会生产的主体，它们拥有大量的实践资源和丰富的实践经验，为学生提供了一片广阔的实践训练场所。在这里，学生可以尽情施展他们的才华，将所学的理论知识应用到实际的工作中去，通过实践来检验和深化理论知识，提升自己的实践能力。在这个过程中，企业与学校形成了良好的互补关系，共同构建了一套完整的知识与技能培养体系，有效地提高了人才培养的质量。举例来说，学校在教学过程中注重理论知识的讲解，企业则在实践中给予学生实际操作的机会。例如，学校可以教授学生某个生产流程的理论知识，企业则能提供生产线，让学生实践，亲身经历整个生产过程。这样，学生在理解理论知识的同时，能够掌握实际的操作技能，使得知识与技能得以有效结合。

企业还能够为学生提供解决实际问题的机会。在企业中，学生可能会遇到各种实际问题，这些问题可能是书本上没有的，需要学生运用所学知识，结合实际情况，进行独立思考，找出解决问题的办法。这种解决实际问题的经验，无疑对于提升学生的实践能力，以及培养学生的问题能力有着极大的帮助。企业还可以为学生提供与社会接轨的机会。在企业中实践，学生可以了解行业的最新动态，了解社会的发展需求，从而使自己的知识和技能更符合社会的发展要求。通过这种方式，学生在提升自己的实践能力的同时，能够更好地适应社会的发展，成为社会真正需要的人才。

（二）人才培养方案制订主体

企业在人才培养方案制订中也起着不可忽视的作用。面对不断变化的社会需求，尤其是在技术进步和产业结构升级的大背景下，传统的、过于侧重理论学习的教育模式已经难以满足现实的需求。人才培养需要更加注重实践性和应用性，这样才能培养出真正符合社会需求的人才。在这个过程中，企业与学校需要共同参与，共同制订出新的、符合社会实际需求的人才培养方案。

企业具有丰富的实践经验和深厚的行业背景。它们对行业发展趋势、技术进步、市场需求有着直接和深刻的理解。这些都是学校在教学过程中难以获取的。因此，企业可以将这些宝贵的实践经验和行业知识引入教学中，以丰富教学内容，增强教学的实用性和针对性。例如，企业可以参与课程设置，帮助学校构建与实际工作密切相关的课程体系。通过这样的方式，学生可以在学习过程中直接接触到行业的最新动态，了解实际工作中的具体情况，从而更好地理解和掌握所学知识。

企业可以帮助学校进行教学改革，提升教学质量。具体而言，企业凭借其丰富的实践资源，可以帮助学校在教学中增加实践环节，提供真实的工作场景，让学生在实践中学习和成长，从而提高教学效果。企业可以提供实习、实训的机会，让学生在实际工作环境中体验和学习。这样，学生可以在实践中检验和深化理论知识，提升自己的实践能力和解决问题的能力。企业在人才培养方案制订中的参与，还有助于培养学生的职业素养、提升其适应社会的能力。通过深入了解企业的工作环境和要求，学校可以将这些因素纳入教学，让学生在学习的过程中逐渐提高职业素养，为其将来步入社会打下坚实的基础。

（三）教育资源提供主体

企业在校企协同育人的模式中同样承担着教育资源提供主体的角色，

这一角色的重要性不言而喻。在这个过程中，企业不仅为学校提供了学生实习场所和工作岗位，也为整个教育体系提供了宝贵的资源，这既有利于学生的职业发展，也有利于企业自身的持续发展。

实习是学生将所学的理论知识应用到实际中的重要方式，是他们从理论到实践过渡的关键步骤。企业提供的实习岗位就是这种过渡的最佳平台。通过这样的机会，学生可以更加深入地了解和掌握行业内的具体工作情况，提升自己的实践能力，同时也能够对社会的工作环境有一个直观的认识，为未来的工作生涯做好充分的准备。在实习过程中，学生可以将在学校中学习到的知识和技能运用到实际工作中，进行现场的学习和实践，以此提高自己的职业技能和综合素质。

对于企业而言，实习生的引入也带来了不小的收益。企业可以在学生实习的过程中提前接触并认识这些潜力股，以此来发现并培养未来的优秀员工。一方面，企业可以通过实习生的表现，预先了解这些未来可能成为企业一员的人才的能力和特点，对他们进行早期的观察和评估；另一方面，企业也可以通过提供实习机会，向学生展示自己的企业文化和工作环境，吸引他们在毕业后选择到自己的公司工作。

此外，在物质资源支持方面，企业的作用也是不可忽视的。学校作为非营利性机构，在校企协同人才培养过程中，需要消耗大量的人力、物力、财力。在这种情况下，企业的参与就显得尤为重要，它们可以为学校的发展提供必要的资金和技术支持，为校企协同人才培养提供充足的物质保障。企业的这种支持不仅可以使学校有更多的资源投入教育中，提高教育的质量，也可以帮助学生得到更加优质的教育资源，提升他们的知识水平和技能素质。因此，企业在校企协同育人模式中，无论是在提供实习场所、工作岗位，还是在提供物质资源支持方面，都发挥了至关重要的作用。可以说，企业的全方位参与和支持可以有效提升校企协同育人的效果，促使高校培养出更多符合社会需求的优秀人才。

第五章　产教融合引领校企协同育人的路径

第一节　更新人才培养理念

一、社会主义核心价值观

社会主义核心价值观是社会主义核心价值体系的内核，体现社会主义核心价值体系的根本性质和基本特征，反映社会主义核心价值体系的丰富内涵和实践要求，是社会主义核心价值体系的高度凝练和集中表达。社会主义核心价值观对于巩固马克思主义在意识形态领域的指导地位、巩固全党全国人民团结奋斗的共同思想基础，对于促进人的全面发展、引领社会全面进步具有重要的现实意义与深远的历史意义。

社会主义核心价值观作为马克思主义中国化的最新成果，立足我国发展实际，对于我国各领域的社会实践具有重要的指导作用。具体到产教融合背景下校企协同育人来说，社会主义核心价值观对于学生核心素养的培育具有十分重要的引领作用。

社会主义核心价值观体现在产教融合背景下校企协同育人模式的目标设定上。富强、民主、文明、和谐是国家层面的价值目标，也是校企协同育人模式的追求。高校要培养的不仅是具有专业技能的人才，更是具有社会责任感、国家意识、文明素养的公民。这要求高校在教育过程中，不仅要关注学生的专业技能培养，更要关注他们的思想道德素养、社会责任感、国家意识、文明素养的培养，使他们成为既掌握扎实的技能又具备较高综合素质的复合型人才。

社会主义核心价值观的指导作用体现在对于产教融合背景下校企协同育人模式实施过程的指导之中。社会主义核心价值观是高校在实施校企协同育人模式时需要遵循的原则。在教育过程中，高校要尊重学生的个性，充分调动他们的主动性，让他们在自由的环境中成长；要保障所有学生平等接受教育的权利，消除教育的不公正现象，实现教育公平；要依法开展教育活动，确保教育的合法性，提高教育的公信力。

社会主义核心价值观的指导作用体现在产教融合背景下校企协同育人评价体系的构建上。社会主义核心价值观是高校评价教育成果的重要标准。高校要培养的人才，既要有专业技能，又要有良好的道德品质。他们既要爱国，也要敬业乐群。这意味着新时代的大学生在迈入社会后，需要对自己的工作充满热情，全力以赴，始终保持专业精神和敬业精神；要诚实，遵守社会规则，诚实待人，公正做事，对自己的言行负责；要友善，善待他人，热心社会公益，传递正能量。评价教育成果时，高校不仅要看学生的专业技能掌握情况，还要看他们是否具备这些价值准则，是否能将这些价值准则内化为自身的行为规范，融入他们的日常生活和工作中。

产教融合背景下校企协同育人模式的实施，需要在社会主义核心价值观的指导下进行。目标设定、过程实施、成果评价等各个环节都需要体现社会主义核心价值观的内容，让社会主义核心价值观成为校企协同育人模式的灵魂。这样，高校培养出来的人才，才能满足社会的专业技能需求和道德品质需求，以及国家的全面发展需求。

二、"以人为本"的教育理念

（一）"以人为本"教育理念的理论基础

1. 马克思主义"以人为本"的哲学思想

与传统哲学理念中强调"抽象的人"不同，卡尔·海因里希·马克思（Karl Heinrich Marx）将人看作"现实的人"，认为人在本质上来说是一切社会关系的总和。"现实的人"这一概念是马克思历史唯物主义研究的出发点和归宿点。马克思主义"现实的人"是以物质生产活动为基础的，处于一定历史条件下，在一定的社会关系中从事生产实践活动的，有思想、观念和意识的个人。

作为马克思理论重要的组成部分，历史唯物主义揭示了人类社会发展的一般规律，强调人民群众在人类历史发展进程中的主体地位。人是实践的主体，人民群众是社会历史的创造者，是所有物质财富与精神财富的创造者，是促进社会变革的主要力量。

人是实践的主体，人既是发展的根本目的，也是发展的根本动力。"以人为本"中的"人"指的既不是抽象的人，也不是某个人、某些人，而是广大的人民群众。发展需要依靠人民群众，发展同样需要为了人民群众。历史唯物主义认为历史是人民群众创造的，只有人民才是创造世界历史的根本动力。因此，实践的开展要充分重视人民的重要性，要始终站在最广大人民的立场上，代表最广大人民的根本利益。而具体到社会发展的各领域，"以人为本"中的人指的是发展的主体，如在教育中贯彻"以人为本"的理念，就是以学生为本。

以人为本重视人的发展。马克思主义强调人的发展应该是自由、和谐、充分的发展，人是社会的人，人的发展与社会的发展紧密联系，两者互为发展条件。人是社会实践的主体，人在已有实践条件的基础上充分发挥主观能动性，不断进行创造性实践，在实现自我发展的同时，推动着社会不断向前发展，而社会的发展又为人的发展创造了新的实践条件。

在社会实践中，人既被社会现实塑造，又在社会发展中不断实现自身的发展。在人与社会构成的社会共同体中，社会也处于持续发展状态，由简单性向复杂性发展，由单一性向多元性发展。因此，人是建设社会和实现目标的决定性因素，社会中一切工作的开展需要以人为中心。坚持"以人为本"的理念，促进人的全面发展，就是推动社会进步的根本条件。

党的二十大报告强调坚持以人民为中心的发展思想。维护人民根本利益，增进民生福祉，不断实现发展为了人民、发展依靠人民、发展成果由人民共享，让现代化建设成果更多、更公平地惠及全体人民。具体到教学活动中，"以人为本"就是要重视教学活动主体作用的发挥，即以学生为本。

2. 因材施教理论

因材施教是"以人为本"理念在实践教学过程中的鲜明体现，其重视在教学过程的推进中，在教学方法的选择上充分贯彻"以人为本"的理念。由于学生在个性与天赋上存在很大的差异，教育活动若不能关注到这些差异性，就很难保证教育的质量与教育的效率。因材施教指的是教师在教学过程中，根据学生不同的认知水平、学习能力、性格特点以及生活环境，有针对性地选择适合不同学生的教学方法进行教学。因材施教的教育方法由来已久，《论语·先进》就记载了孔子因材施教的典型案例。

因材施教是"以人为本"理念在教学实践中的表现，是一种尊重学生个性化发展的教学理念，它不但重视学生知识的积累，而且重视学生自主学习能力的培养和提升，强调根据学生的特点因势利导，引导学生在充分开发自己的潜能，更好地进行创造性实践。

具体到在产教融合背景下校企协同育人之中，因材施教理论要求教育工作者要全面、深入地了解学生，正视学生之间的差异，同时充分发挥自身的主观能动性，灵活选用不同的教学方法，以提升教学活动的针对性，实施个性化教学与管理，如此才能使整个课堂在自己的掌握之中，使每个学生真正有效地参与到课堂教学之中。这就需要教育工作者根据学生不同的个性特征制订好教学计划，安排好每个教学环节，针对不同的学生实行不同的管理方式，保证学生在学习和掌握所学知识与技能的同时，充分发挥自己的优势。

3. 人本主义学习理论及其应用

（1）人本主义理论的内涵。人本主义兴起于 20 世纪五六十年代，由亚伯拉罕·哈罗德·马斯洛（Abraham Harold Maslow）创立，是心理学的重要流派，强调人的自我实现。

人本主义既反对只针对人类行为进行研究的行为主义，也不认同弗洛伊德只研究人类精神和心理问题的行为，因而被称为心理学的第三种势力。人本主义将研究的落脚点放在人的成长与正向的心理发展上，同时汲取了哲学当中存在主义的部分思想，强调自由的重要性与人生价值的意义。

马斯洛认为，动机是人类个体成长的内在力量，而动机的形成受到诸多因素的影响，其中最为关键的就是人类发展的需求。人类的需求多种多样，而各种需求之间有高低层次之分。不同需求形成的动机将决定人类的行为，进而影响个体发展。

马斯洛将个体的需求划分为五个层次，后来又扩大为八个层次：

生理需求。生理需求是人类生存的最基本需求，包括空气、水、食物、睡眠、性需求等。

安全需求。安全是人类个体生存的重要需求。安全、稳定、秩序井然的环境可以为个体的发展提供保障。

归属与爱情需求。人类是生活在具体社会环境当中的，具有社会性。人类个体需要与他人建立一定的联系，如结交朋友、追求爱情，以期更好地生存和发展。

尊重需求。尊重需求分为两个方面，一方面是对自己的尊重，另一方面是尊重他人。

认知需求。人类发展不断探索、获取和理解知识的过程。一个人只有掌握了知识，才能寻求进一步的提升。

审美需求。人类需要满足自身对于审美的欲望。人类的审美需求主要表现为审美欲望、审美要求、审美意向和对美的寻找和探索等。

自我实现需求。人类需要不断提升自己的能力，以满足自我实现的愿望。

超越需求。超越需求是人类不断追求更高层次发展，超越自身原本状态的需求。

（2）人本主义学习理论的内涵。人本主义学习理论强调人的发展、情感、态度等因素对于教学的影响。人本主义学习理论同样强调学习者在学习过程中的主体地位，还强调学习过程与学习者的发展。

人本主义学习理论从学习者自我实现的角度来考察教学活动，认为知识的学习是服务学习者的个人发展的，教育的目的是帮助学生学会学习，将学习本身抽象为一种品质，这种品质可以帮助学习者树立正确的学习理念、探寻合适的学习方法，从而实现个人的全面发展。因此，在教学实践中，教师不能将学生简单地当作教学对象，而应该将学生视为谋求发展的个体，是教学活动的重要参与者。

人本主义学习理论的重要代表人物是美国心理学家卡尔·兰塞姆·罗杰斯（Carl Ransom Rogers）。在他看来，人类的情感与认知是不可分割的，教学的目标是促进人躯体、情感、知识、精神全面发展的。他主张以学习者为中心组织开展教学活动，促进学习者自我学习能力的提升，不断追求自我发展与自我实现。罗杰斯对于教学活动还有更为详细的阐述，包括以下五点：

教学活动的主要目标之一就是激发学习者的潜能。教师在教学过程中应该为学习者提供良好的学习氛围，在传授知识的同时帮助学习者加深对自我的理解。

学习者拥有选择教材的自主权。好的教材应该贴和学习者的实际生活、符合学习者的发展意向、契合学习者的能力水平。

在教学的过程中，教师应当注意观察学习者的内心感受与情感变化，帮助学习者建立有效的沟通渠道，及时发现学习者因各种因素引起的心理问题并提供心理辅导与其他帮助。

在实践教学中，教师要培养学习者的学习兴趣，注重学习者自主学习能力的提升。

教师要鼓励学习者积极参与社会活动，培养自我求知能力。

（3）人本主义学习理论的主要观点。

第一，强调学习者的主体地位。人本主义学习理论强调学习者自主学习意识的培养与自主学习能力的提升。人本主义学习理论认为，在教学过程中，教师应该重视学习者的自主思想，鼓励学习者在学习和探索知识时充分发挥主观能动性，分析自身的学习特点与学习现状，根据自身的学习需求自主制订学习计划，选择适合自己的学习方法，对自己的学习进程进行跟踪监控，总结分析自己的学习成果，反思自身在学习中存在的问题。学习者是学习的主体，应当在教师的帮助下，通过建构知识内容结构，实现自我的发展。

第二，关注学习者的内心世界。人本主义着重讨论"人"的概念和意义，认为"人"是研究和理解人类社会与人类思维的基础。人本主义学习理论同样重视学习者内心世界对教学的影响，认为学习是学习者的主观行为，在教学中应当将学习者的认知、情感、动机等主观因素放在十分重要的位置。人本主义学习理论反对行为主义将人当成动物进行简单的行为分析，也反对弗洛伊德将对特殊群体的研究成果应用到普通人身上。人本主义学习理论强调促进人的正向发展，认为教育者应该更多地了解学习者的内心世界，根据学习者的兴趣、认知、情感、动机等因素调整教学方式，培养学习者的自主学习意识，增强学习者的自主学习能力。

第三，重视学习者潜力的开发。人本主义学习理论认为人的潜能有助于自我实现。人的潜力就像是一粒种子，可以结出自我实现的果实，教育、环境和文化等因素就像是阳光、水分和土壤，为种子的发芽、生长提供适宜的环境。因此，教育的任务就是挖掘学习者的潜在能力。这就要求教师在实践教学中，充分了解学习者的能力水平、智力结构、学习特点、个性差异等，针对学习者的特点有针对性地选择教学方式，创设教学情境，采用科学的教学方法，帮助学习者实现自我发展。

第四，促进学习者的全面发展。人本主义学习理论认为教育的理想目标是帮助学习者成为全面发展的人。人本主义学习理论不仅重视学习者对知识的掌握与自我学习能力的提升，还重视人的自我修养的形成，主张通过丰富多彩、形式多样的课堂设计，为学习者营造一个平等、自由、和谐、民主的学习氛围，帮助其更好地融入集体，通过与其他学习者的良性互动，实现全员的共同进步。学习者在学习过程中既需要探索和掌握具体的知识、培养和提升自主学习能力，又需要形成能适应社会环境变化，在变化中谋发展的个人品质。

（二）"以人为本"教育理念的应用

"以人为本"教育理念是当代重要的教育理念，是新时代重视学生自身发展的体现。在产教融合背景下校企协同育人实践当中贯彻以人为本的教育理念，需要从以下几个方面出发：

1. 重视学生的主体地位

在产教融合背景下的校企协同育人过程中，坚持以人为本实际上是强调把学生的发展放在首位，关注学生的成长需求，尊重学生的个性差异，充分激发学生的主动性、创造性，让学生在实践中主动学习、积极成长。

首先，教育的目标是培养人。人的发展是多元化、个体化的。每个学生都有自己的个性特点、学习需求、发展方向。因此，在校企协同育人的过程中，高校要尊重学生的个性差异，关注他们的成长需求，为他们提供多元化、个体化的学习机会。高校不能把学生当作填充知识的容器，而要把他们视为富有主体性的学习者，让他们在实践中主动探索、积极思考，发现并解决问题。

其次，坚持以人为本就是充分发挥学生的主动性、创造性。在校企协同育人的过程中，学生不仅要接受教师的教导，还要参与实际的工作，亲自动手，亲自思考，亲自解决问题。这就需要高校给学生提供充足的实践机会，让他们在实践中锻炼技能、提高能力。同时，高校要鼓励学生发挥创新精神，开创新的工作路径。

再次，坚持以人为本就是关注学生的全面发展。在校企协同育人的过程中，高校不仅要关注学生的专业技能培养，还要关注他们的综合素质培养，如思维能力、创新能力、团队协作能力、沟通能力等。高校要努力将学生培养成既有技术能力又有人文素养的复合型人才。

最后，坚持以人为本就是构建以学生为主体的学习环境。在这样的环境中，学生可以根据自己的兴趣和需求，自主选择学习内容和学习方式；教师不再是知识传递者，而是学生学习的引导者和助手；学习不再是单向的灌输，而是互动的过程。这样的学习环境能够充分调动学生的学习积极性和主动性，激发他们的学习兴趣和创新精神，从而达到更好的学习效果。

在产教融合背景下的校企协同育人中，要实现理想的育人目标，高校需要改革教育教学方法，引入更多以学生为主体的教学模式，如项目式学习、问题导向学习、研究性学习等。这些教学模式能够让学生在真实的问题和项目中，体验知识的发现、创新和应用过程，培养他们的实践能力和创新能力。同时，高校要加强校企合作，打造校企融合的实践教学平台。学校可以利用企业的资源，为学生提供实践机会；企业可以利用学校的资源，为学生提供理论学习的支持。这样，学生可以在实践中学习，在学习中实践，实现理论与实践的融合，成长为出适应社会需要的实用型人才。

2.重视学生的个性化发展

"以人为本"理念强调的是关注每一位学生的独特性，激发他们的主观能动性，而不是仅仅把他们视为知识和技能的接收者。因此，重视学生的个性化发展，不仅是教育的要求，也是人的尊严和价值的体现。

每个学生都有自己的特长和兴趣，这是他们个性的重要组成部分。如果教师忽视这一点，只是机械地教授知识，那么学生可能会失去学习的兴趣和动力。如果教师尊重学生的个性，关注他们的兴趣和特长，那么学生就有可能在学习中找到自己的价值和方向，从而更好地发挥自身的主观能动性。

重视学生的个性化发展也是培养创新人才的需要。当今社会需要的不仅仅是掌握一定知识和技能的人，更需要有创新精神和创新能力的人。而创新往往源于个性，是对常规的突破和超越。如果教师忽视学生的个性，那么就有可能抑制他们的创新精神和创新能力的发挥。

校企协同育人十分重视学生的个性化发展，对教学有如下要求：首先，改变教育观念。教育不是一种填鸭式的灌输，而是一种启发和引导。教师要尊重学生的个性，尊重他们的选择，尊重他们的发展路径。其次，引入更多以学生为主体的教学模式。这样的教学模式可以让学生在解决实际问题时，发现自己的兴趣和特长，发挥自己的创新能力。比如，通过翻转课堂，学生在课堂外预习、课堂内讨论，从而在自主学习和协作学习中发现和发展自己的个性。最后，加强校企合作，提供更多的实践机会，让学生在实践中发现自己的兴趣和特长，发挥自己的主观能动性。教师可以通过实习、实训、项目合作等方式，让学生走出课堂，走入企业，走入社会，亲身体验和参与实际的工作和生活。在这个过程中，学生可以真实地感受到自己的价值和能力，可以更好地理解和应用所学的知识和技能，可以更深入地了解并发展自己的兴趣和特长。

当然，为了更好地贯彻"以人为本"的理念，教师还需要提供个性化的教育资源和服务，满足学生的个性化需求。这包括提供丰富多样的课程，满足学生的不同兴趣；提供个性化的学习指导，帮助学生确定自己的学习目标和路径；提供个性化的职业指导，帮助学生了解自己的职业兴趣和职业潜力。

3. 根据学生的特点因材施教

因材施教指的是教师在教学过程中，根据学生不同的认知水平、学习能力、性格特点及生活环境，有针对性地选择适合不同学生的教学方法进行教学。具体到产教融合背景下校企协同育人之中，教育工作者应该根据学生的个性特点制订不同的教育方案，尊重学生个体的差异性，并能够根据学生不同的特点选择合适的教育方法，因材施教，充分挖掘学生的潜能，帮助其在学习与生活中既获得知识，又不丧失个性。

三、全面发展教育理念

（一）全面发展教育理念的内涵

全面发展教育理念强调通过教育实践促进学生身心的协调、全面、自由发展。全面发展首先是健康的发展，这里的健康指的是身心健康、协调、统一的发展；其次，全面发展教育理念还重视学生综合素质的提升，认为单纯的理论知识与实践技能教学不是教育的全部，学校教育还应重视对学生思维、个性、情感、认知的启发。

产教融合背景下校企协同育人是以社会的实际需求为出发点，以提升学生的综合素质为目标，以促进学生全面发展为价值追求的新时代教育模式。产教融合背景下校企协同育人教育模式的构建必须以全面发展理念为指导。具体而言，全面发展理念主要包含以下几个方面内容：

1.注重学生身心的健康、协调发展

从学生健康成长的内在需求来看，全面发展教育理念是促进学生健康成长的重要教育理念支撑。现代健康观相对于人类早期健康观也产生了显著的变化，体魄的健康不再是个体健康的单一评价标准，个体的健康还包括心理健康以及身体各项机能的健康。

结合健康观的相关知识，现代教育理念提倡的学生全面发展的基础就是学生拥有强健的体魄与健康的心理。可以说，学生的身心健康是其开展一系列实践活动的前提条件，没有健康的体魄与心理状态，学生很难高效地进行知识的学习与技能的训练。良好的心理健康状态能够使学生更加高效地开展学习活动，因为只有当学生处于一个良好的心理环境之中时，其才能以更加积极的心态面对生活与学习。同时，健康的心理状态有利于促进学生思维的发展，有利于学生的身体健康。产教融合背景下校企协同育人重视学生的思想道德体系的构建，注重学生身心的协同发展。因此，在教学实践中，教师需要深入贯彻全面发展理念，重视学生的身心健康、协调发展。

2. 重视学生综合素质的发展

从社会层面来看，学生是未来社会发展的栋梁，是新时代中国特色社会主义建设的接班人，是实现中华民族伟大复兴的希望。因此，学生素质的高低对于社会未来的发展具有十分重要的意义。而衡量学生素质的高低，不仅需要关注学生的专业素养发展水平，还需要考查学生的素质结构是否全面，是否符合社会发展的需求。当今时代，科技的迅猛发展促使新理念、新业态、新技术不断涌现，信息与知识更新迭代的速度非常之快，创新成为社会发展的第一驱动力。在这种背景下，社会发展对于人才的素质结构提出了新的要求。新时代的高素质人才不仅需要具备完善的专业知识结构，还需要具备较强的实践能力与相对较高的综合素质，包括思维水平、沟通能力、合作能力、创新能力、自主学习能力等。

3. 全面发展是有重点的发展

全面发展既不是面面俱到的发展，也不是德智体美劳的简单相加，而是一种多种素质的协调提升，是学生全面、协调、自由的发展。全面发展注重的是学生综合素质的提升以及身心的健康发展，而不是把学生培养成为"全能的人"。因此，高校在构建人才培养模式时，一定要在突出教学重点与人才培养的具体目标的前提下，用全面发展的理念指导教学体系的构建。

（二）全面发展教育理念对产教融合背景下校企协同育人的指导作用

全面发展理念是素质教育重要的理念支撑，也是新时代高校人才培养重要的指导理念。全面发展教育理念对于产教融合背景下校企协同育人的指导作用，如图 5-1 所示。

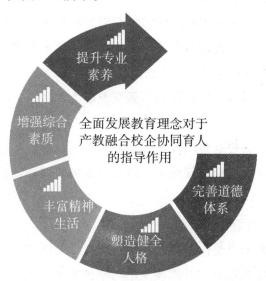

图 5-1 全面发展教育理念对于产教融合背景下校企协同育人的指导作用

1. 提升专业素养

全面发展理念不是面面俱到的平均发展，而是突出重点的综合发展。在介绍全面发展理念的时候，教师应强调全面发展是全面、自由、充分的发展，其中全面不是均衡，自由不是随心所欲，全面是建立在有重点发展方向基础上的全面，自由则是学生充分发挥自己个性，激发自身潜能的自由。

在产教融合背景下校企协同育人实践中贯彻全面发展教育理念，高校必须以学生专业素养的培育为出发点，夯实学生的理论知识与实践能力基础。应用型人才培养具有非常强的专业针对性与能力针对性，因而学生技能素养与实践能力的培养与提升是应用型人才培养的重中之重。

2. 增强综合素质

现代社会的发展对于人才综合素质的要求越来越高，对于一个行业或领域的发展来说，人才的综合素质至关重要。比如，创新是当今社会发展的首要驱动力,任何领域的发展都离不开创新。某一领域若想取得进一步的发展,或者企业想进一步开辟市场,在激烈的市场竞争中占据主动,就应注重人才的创新思维与创新能力的挖掘。又如,绝大多数企业的发展运行离不开沟通与交流,对于外资企业来说更是如此。在对外开放水平不断提升的今天,沟通交流的顺畅程度决定了企业的运行效率。从这一层面看,学生掌握较强的沟通交流能力、具备一定的外语水平十分关键。

产教融合引领校企协同育人就是要培养出具备较高综合素质的应用型人才,帮助学生实现全面发展,而全面发展的核心就是综合素质的培养与提升。

3. 丰富精神生活

人们生活的世界是由精神世界与物质世界共同构成的,而人们的一切生产生活实践都脱离不开物质生活与精神生活这两大范畴。物质生活固然是人们最基本的需求,但是精神生活同样是任何社会的人们都离不开的。在不同的时期与社会发展阶段,人们精神生活的丰富程度、需求层次与发展水平是不同的。随着科技的进步与经济的高速发展,人们的物质生活水平获得很大程度的提升,其对于精神生活的追求也逐渐增量,家庭的文化生活品位随之提升。

高校在产教融合背景下校企协同育人中贯彻全面发展理念,需要重视大学生的精神世界,满足大学生的精神需求。这就需要教师在教学实践中秉持全面发展的理念,运用多样化的教学方法拓展教学内容,重视立德树人与社会主义核心价值观的引领作用,推动大学生对美好精神生活的追求,培育大学生的审美素养,提升大学生的心理健康水平,促进其全面发展。

4. 塑造健全人格

健全的人格是学生身心发展的重中之重。一个人格健全,性格开朗、乐观的人,不易患心理疾病,而且机体免疫力较强,具有更好的抗病能力和耐受性。全面发展理念不仅注重学生在知识与技能领域专业素养的提升，同时注重学生身心的健康发展。在全面发展理念的指导下，校企协同育人在帮助学生构建和完善素质结构的同时，要帮助学生实现身心的协同发展，如通过美育、德育的渗透及课程思政等方式，帮助学生构建正确的世界观、人生观、价值观，塑造学生健全的人格。

5. 完善道德体系

在教育活动中贯彻全面发展理念，有助于学生道德体系的完善。全面发展理念落实到现代教育中，就是培养德智体美劳协同发展的新时代优秀人才。

全面发展理念正是以智育、美育与德育之间密切联系为着力点促进学生整体素质提升的。全面发展理念认为大学生不仅应完成学业要求，提升专业素养，还需要构建正确的道德观。学生道德体系的完善是需要以德育、智育与美育为代表的不同教育类型共同发挥作用的，因为良好道德体系的建立不能仅仅靠与道德相关的理论说教，还需要通过智育丰富学生的知识结构，提升学生的认知水平和思维能力，同时通过美育提升学生整体的审美素质，使其充分感受美的洗礼，构建正确的审美价值观。

具体到产教融合背景下校企协同育人中，全面发展理念与高校实现学生全面发展的终极教育目标相一致，都重视在教育过程中将德育、美育与智育充分结合在一起。在产教融合背景下校企协同育人中贯彻全面发展理念，高校需要做到以下几点：

第一，在教学目标上以全面提升学生的综合素质为目标，因为教学目标在教学各个环节中发挥着重要的引领作用。若想在产教融合背景下校企协同育人中切实贯彻全面发展理念，高校必须从教育目标层面明确促进学生全面发展的内容。

第二，在教学过程中重视采取多元化的教学方式，拓展教学途径，优化教学模式，将德育的内容渗透进日常的教学内容之中。渗透的过程要做到"顺其自然"，不突兀。这就需要教师充分发挥主观能动性，根据不同课程教学方向的具体内容以及其蕴含的德育资源探寻合理的渗透点。那种将学科教学内容与德育的内容进行生硬的结合是不可取的。

第三，评价体系对于教学活动具有导向作用。构建德育评价指标体系，突出对学生道德的评价，这可为教学活动的开展提供正确的导向。

四、生态和谐教育理念

（一）生态和谐教育理念的内涵

生态和谐教育理念的构想源于生物学中关于生态系统与生态平衡的概念。生态系统指的是在自然界的一定空间内，生物与环境构成的统一整体。在这个系统中，生物与环境相互影响、相互约束，达成一种相对稳定的动态平衡。生态系统的构成要素繁多且复杂，各要素之间形成了紧密的联系。生态和谐指的就是生态系统的平稳、有序运行与和谐的发展状态。人们若想深入理解生态和谐教育理念的内涵，必须对于其理论基础，即生态学相关知识有一个总体的认识。

生态系统理论的构成要素主要包括种群、群落以及生态系统。种群指的是同一时间生活在同一区域内的同种生物所有个体的集合，种群中的个体可以通过繁殖行为将各自的基因传给后代，以保证该区域内物种的繁衍。在自然界中，同一时空内往往存在着多个生物种群，这些种群规模不同、类型各异，多种群的共生缩小了生物个体之间的空间距离，也形成了种群之间相互竞争、依存的复杂关系网络。不同种群之间的关系主要包括竞争、共生、互惠、捕食等。

群落指的是同一时间内聚集在同一区域内的不同生物种群的集合。生物群落虽然是由类型丰富、数量众多的种群共同组合而成的，但这些种群并非杂乱分布，而是按照一定规律有序协调地生活在一起。也就是说，群落是由种群按照一定规律组合形成的一个有机整体，不同的种群之间存在着直接或间接的联系。不同生物群落之间在规模与物种多样性上是不同的，这在很大程度上受到群落所处环境以及内部营养物质的丰富程度的影响。

生态系统指的是在一定的自然界空间中，所有生物及其生存的环境共同构成的有机整体。在这个整体中，生物与环境之间相互影响、相互制约，并在一定时期内处于相对稳定的动态平衡状态。相对于种群与群落来说，生态系统的概念涵盖的范围更大，既包括不同类型的生物，又涵盖这些生物赖以生存的环境。生态系统主要由非生物的物质和能量、生产者、消费者、分解者等要素构成。无机环境是生态系统的非生物组成部分，是一个生态系统的基础，其条件的好坏直接决定了生态系统的复杂程度和其中生物群落的丰富度。对于生态系统的研究多重视系统内部各要素、组织之间的关系及其相互作用机制，这种研究方法与研究视角对于其他领域的研究有许多可借鉴之处。

生态和谐教育理念将这些生物学概念应用到人才培养领域。该理念认为，整个人才培养系统就像一个复杂的生态系统，由众多元素构成。系统内部的各要素之间有着密切的联系，并时刻进行着互动。学生的知识、技能与道德体系的构建就是在这种教育元素的充分互动过程中实现的。

生态和谐教育理念是现代教育理念与生态和谐发展理念的结合，其丰富和扩展了现代教育理念。这一理念强调教育的主体与客体，以及内外部环境之间的和谐匹配和有机统一。同时，它强调教育机制的亲和性、开放性、互动性和创造性。

生态和谐教育理念的目标是建立一种自然、融洽、协调、发展、开放的新型教育模式。这种模式在教育主体、教育理念、教育目标、教学过程以及教学评价方式上都与传统的教育理念有所不同。在生态和谐教育理念中，亲和性、融洽性、开放性和自主性是其核心。生态和谐教育理念的基本内容，如图5-2所示。

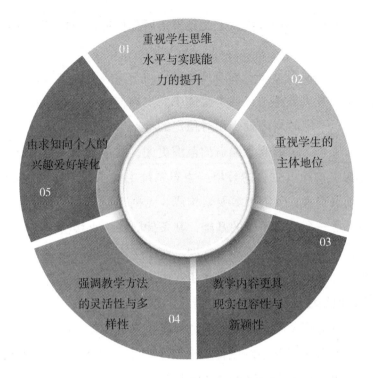

图 5-2　生态和谐教育理念的基本内容

1. 重视学生思维水平与实践能力的提升

生态和谐教育理念强调对学生思维层次和实践技能的提升。它倡导将教学活动的基本价值从理论知识教导转向思维层次和实践技能的提升。这一理念注重对学生能力和素质的培养，是新时代教育理念的显著特点。然而，这并不意味着生态和谐教育理念忽视了学生知识和技能结构的完善。相反，其在培养目标上追求使高等教育人才培养更贴近教育的基本目标，也就是培养全面发展的高素质人才。

2. 重视学生的主体地位

生态和谐教育理念突出了学生在教育过程中的核心地位。将学生视为教育活动的主角是"以人为本"理念在教育领域的应用，同时是现代教育理念推崇的教学视角。在这一理念框架下，学生被视为教育系统中的关键要素，他们既是教育的目标受众，又是教学活动的主导者。教学活动只有充分激发学生的学习主动性和自觉性，才能更有效地实现教育目标。因此，确认学生在教育理念中的主体地位是激发学生学习积极性的基本前提。

3. 教学内容更具现实包容性与新颖性

在教学素材的选择上，生态和谐教育理念主张将教学内容更新和实现与现实世界紧密联系，以使之更接近学生的实际生活。教学素材是教育实践的基本支柱，是高等教育中培养人才的重要组成部分。所谓的生态和谐教育理念，其实是一种强调与学生的生活实际和个人发展需求相协调的教育观念。在这一观念的指导下，教学内容应向开放性和包容性的方向发展。

4. 强调教学方法的灵活性与多样性

在教学策略方面，生态和谐教育理念强调方法的变通和多元化。这要求教师教学要从传统的知识传输方式转向更为灵活多元的启示、指导、互动和讨论等方式。这样的转变体现在教学方法上，同样源自将学生视为教育的主体的理念。学生的主体性意味着教学活动的设计、执行和评估都应以学生为中心，应充分考虑学生的体验和感受，应重视学生的个体差异和个性特征。这就要求教师在教学策略的选择上必须考虑适应学生自身的发展需求和个性特征。

5. 由求知向个人的兴趣爱好转化

在知识获取逻辑上，生态和谐教育理念倡导学生的知识获取过程从接收和理解转向科学探究、主动创新和自我构建，使得学习行为与个人的兴趣和爱好紧密联系。这一理念使教育活动真正演变为学生为实现自身发展而积极追求和探索知识的过程。

生态和谐教育理念主张为学生营造一个和谐的学习氛围，能够使学生在其中获得良好的学习体验。生态和谐教育理念更加重视与强调教育系统整体性功能的发挥，即把教育活动看作一个有机的生态整体，在这一生态整体中，既包括学校、社会、组织机构、教师、学生、家长，也包括教学内容、教学方法、校园环境，以及不同类型的软、硬件资源。生态和谐教育理念提倡将和谐、融洽的精神注入教育的各个环节与各组成要素之中，以期促进教育生态的不断优化。

（二）生态和谐教育理念的价值

1. 教育转型的理念支撑

目前，中国的教育体系正处于转型阶段。党的二十大报告指出："深化教育领域的综合改革，加强教材建设和管理，完善学校管理和教育评价体系，健全学校家庭社会育人机制。"

对于国家和民族的长期发展来说，培养大量德才兼备的高素质人才至关重要。这样的高素质人才不仅需要具备完善的知识结构，还应拥有坚实的理论知识基础，掌握实践技能，同时具备健康的身心状态。生态和谐教育理念强调学生的全面发展和身心健康成长，主张在教育过程中确立学生的主体地位。这与国家倡导的素质教育理念高度一致，能为教育体系的转型提供科学的理念支持。

2. 协同育人的有效途径

协同育人指的是学校、家庭以及社会共同参与人才的培养，各个主体充分利用自身的教育资源优势，共同进行育人实践。

协同育人是一个复杂的系统，其中人才的培养主体不再只有高等教育机构，人才的培养路径也不再仅限于课堂。各种教育主体充分利用自身的优势，形成教育的综合力量，以提高人才培养的质量。生态和谐教育理念将教育活动视为一个教育生态系统，并对其进行整体的研究，重视系统内部不同子系统以及不同构成元素之间的相互作用机制与各自的功能发挥。这一理念非常适合多主体协同育人的教育模式，这也与产教融合的价值追求高度一致。

3. 组织结构优化的参照

作为高等教育的关键部分，培养应用型人才包含许多元素，这些元素包括各种类型的主体以及丰富多元的资源。生态和谐教育理念的核心是实现各种要素自然、和谐、协调的发展和开放的互动关系。这一理念对于整合产教融合、校企协同育人的主体，整合教育资源，整合教学内容以及教学环节具有重大的指导意义。产教融合涉及不同的育人主体与育人平台，不同主体、平台、要素之间的构成结构对于人才培养的质量具有重要的影响。生态和谐教育理念能够辅助高等教育机构优化应用型人才培养的组织结构，提高应用型人才培养的水平，从而培养出新时代高素质的人才。

4.教育环境塑造的标准

生态和谐教育理念旨在塑造一个和谐的教育生态环境，目的是为教学活动提供良好的环境保障。在应用型人才培养中，类型多样的课程资源与教学内容具有丰富的美育与德育价值，其开展同样需要借助美育与德育的理念与方法。

美育注重审美感受在教育中的作用，而对于学生来说，对其审美感受影响最为直接的就是周围的环境，这一环境既包括物质环境、组织环境，也包括文化环境。生态和谐教育理念注重教育环境的营造。在校企协同育人的过程中，贯彻生态和谐教育理念既能够营造良好的审美环境，优化育人组织结构，又能为学生带来良好的审美体验，提高应用型人才培养质量。

第二节 构建课程体系

一、构建课程体系的指导思想

（一）混合学习理论

1.混合学习理论的内涵

混合学习理论诞生于 20 世纪末，是一种倡导将新型教学方式应用于课堂之中的教学理论。虽然国内外学者对混合学习下的定义有所不同，但对于混合学习的基本内涵，学者们的观点总体一致。具体来说，混合教学理论就是传统课堂学习与新媒体等现代技术之间的充分结合，是网络学习与传统课堂学习的相互结合和互补。

混合学习理论具有鲜明的时代性，是伴随着时代发展和一系列新教学技术的产生而诞生的教学理论。当今时代的混合教育理论强调线上教学与线下教学相结合的教学模式。何克抗教授于 2003 年正式将混合学习的概念引入我国。在他看来，混合学习就是"把传统学习和 E-Learning 进行优势结合，既要充分体现学生主体的积极性、主动性与创造性，又要发挥教师在教学过程中的引导、启发、监控作用"。

混合学习理论具有与时俱进的特点，其内涵是伴随着技术的进步而不断丰富的，本质是在人才培养过程中重视各教学要素的融合。在教学方式的改革上，混合学习理论侧重主张改善教学结构、创新教学方式，并以此为依据构建新型的课程体系。

产教融合理念指导下的新时代应用型人才的培育，无论在教学内容还是教学方式上，都与传统的技能型人才培养具有非常大的区别。在教学内容上，新时代应用型人才的培养注重理论与实践的结合。这不仅仅意味着提供更多的实践机会，还意味着在理论教学中注入实践元素，使学生能够理解和应用所学的理论知识。这一方法强调了学生的批判性思考和问题解决能力，而不仅仅是注重技能的掌握。同时，产教融合的理念引导了课程内容的持续更新，以匹配行业和市场的不断变化。在教学方式上，新时代应用型人才的培养强调以学生为中心和以问题为导向的学习。学生不再是被动的知识接受者，而是积极参与学习过程，对问题进行深入研究，寻求解决方案。这种方式鼓励学生自我发现、自我学习，使他们更能适应不断变化的工作环境。

新时代应用型人才的培育还将企业和行业作为教育的重要组成部分。通过实习、实训等方式，学生可以直接接触实际的工作环境，理解行业的需求和标准，从而更好地进行职业规划和技能提升。而在这种教育内容与教育方式的革新中，基于技术发展推动教学方式改变的混合学习理论发挥了良好的指导作用。

2. 混合学习理论的应用

混合学习理论的侧重点在教学方式的改革上，这一理论认为改善教学结构、创新教学方式是教师教学的主要任务。更新教育理念，推进教育创新发展，必须注重在教学实践层面的改革与创新。混合学习理论着眼于具体的教学环节，对于产教融合背景下校企协同育人的创新发展具有重要的指导意义。以混合学习理论为指导，促进产教融合背景下校企协同育人的创新发展，需要从以下几个方面入手：

（1）创新教学方式。混合学习理论致力于教学方法的革新，着重于优化教学结构和创新教学手段。在校企协同育人模式下，为了实现创新，高校不能仅仅依赖传统的教学模式，而需要探索更适合的教学策略，要在现代化的教学环境中提升学生的核心素养。

混合学习理论通过整合多种教学方法，扩展学生知识获取的渠道，支持跨学科学习。它强调网络教学技术的关键性。在课堂教学环节，教师可以充分利用和开发现代化的教学技术，利用网络的优势，提供丰富的多媒体材料，通过网络学习不断拓宽学生的知识视野。这使得教学过程更为直观，知识的获取更为便捷，在保证学生学习效果的同时，提升学生的学习效率。

（2）明确混合学习的类型。在产教融合背景下的校企协同育人中，若想充分发挥混合学习理论的作用，高校必须明确混合学习的类型。混合学习主要分为三种类型，分别是基本型混合、增强型混合及转变型混合。

基本型混合指的是通过不同的教学形式为学习者的学习活动增加额外的灵活性，拓展学习的路径，为学习者创造更多的学习机会。这种方式的特点是易于操作和实现。基本型混合是最基本的混合学习类型，具体到产教融合背景下的校企协同育人中，就是通过融合不同的教学形式，提升学生学习的灵活性，扩展学生学习的路径，为学生创造更多的学习机会。

增强型混合指的是通过创新教学方法，改善教学活动，如将新的教学技术运用到教学之中，或通过网络的形式提供某些额外的资源和补充材料，为课堂教学提供良好的辅助。这种学习类型注重传统教学与网络教学的有机融合。新技术的运用是提升教学质量最直接的方法，在产教融合背景下的校企协同育人中，新技术的运用可以提高教学质量，激发学生兴趣，并且有助于培育学生的批判性思维。比如，在校企协同育人中，教师利用互联网和移动设备进行在线教学，可以实现教学资源的共享，方便学生随时随地学习。同时，教师可以利用社交媒体、在线讨论等方式激发学生参与课程讨论的热情，增加互动性。有条件的学校还可以将人工智能引入教学实践中来，分析学生的学习需求和兴趣，为每个学生提供定制化的学习资源。此外，人工智能辅助教学工具还可以帮助教师开展学生评估、作业批改等工作，提高了教师的工作效率。

转变型混合强调教师的教学方法和学生的学习方式的转变。这种混合学习方式对于技术的依赖较强，一旦缺少技术的支持，将很难实现预期的人才培养目标。在实际的教学中，教师可以将课堂实时反馈系统引入应用型人才培养中，在课堂上实时了解学生的学习状况，及时调整教学策略，提高教学质量，或者利用在线游戏和教育软件让学生在轻松、有趣的环境中学习知识，以此提高学生的积极性和参与度。

3. 发挥教师的引导和监控作用

教师是课堂教学的主导者，是校企协同育人的重要组成要素。混合学习理论重视传统教学方式与网络教学的融合，无论是传统教学方式还是以网络教学为代表的新型教学方式，要想科学有序地开展，实现人才培养的目标，都离不开教师的引导与监控。因此，在混合学习理论的指导下，校企协同育人的开展需要重视教师作用的发挥。

在重视素质教育和强调教育改革的今天，如何创新教学模式，使学生真正成为教学活动的主体是现代教育追求的目标。明确学生在教学活动中的主体地位并不代表忽视教师在教学过程中的主导作用，因为学生的学习能力和思维能力是处在不断成长与提升的过程中的，其在面对新的知识或疑难问题时，仍需要教师充分发挥"传道、授业、解惑"的作用，引导他们更好地学习和掌握新的知识。

教师的另一项重要职能就是监控学生的学习过程，及时发现学生学习过程中存在的问题，如不良的学习习惯、学习心态的变化、情绪的变化以及学习能力的差异等。教师应该及时了解并帮助学生解决学习过程中遇到的困难，使学生能够以更好的状态学习。

（二）个性化教育理念

1. 个性化教育理念的内涵

个性化教育理念是当今时代最重要的教育理念之一，其主张在预定的教育目标的指导下，依据学生的个性差异，科学地利用各种教学手段和路径，达成期待的教育目标。这种教育理念允许教师根据教学需求灵活地组织教学，但并非赋予教师无边界的自由度或无目标的教学实施。实质上，个性化教学的活动，无论在育人目标的设定还是具体的实践操作上，都必须遵循教材和教学大纲的要求。个性化教育理念强调的是教学方法的调整，而非改变育人的目标和方向。在确保达成预期的育人目标的同时，它为教师和学生提供了更广阔的个性展示空间。

2. 个性化教育理念的应用

（1）教学目标个性化。从教学实践的结构来考察个性化教育理念的实际应用，教学目的的个性化是首要方面。教学实践的开展是以教学目的为目标指向的，一切教学活动都是为教学目标服务的，因而教学目标的制定必须符合人才培养理念，必须符合社会对于人才的需求以及学生自身发展的需要，必须符合先进的教学理念与自身、区域的发展实际。

个性化教学的开展必须以教学目标的个性化为前提。校企协同育人在制定教育目标的过程中，必须重视学生个性化发展，重视学生综合素质的提升，不仅要健全和完善学生的专业知识架构与基本素养，还要重视对学生思维能力的培养和提升。

（2）教学内容个性化。个性化教学的主要任务之一就是实现教学内容的多样化与个性化。高校若想通过校企协同育人促进学生个性化发展，就需要保证教学内容的丰富与多样化，使学生在发展方向上有更多的选择，充分挖掘学生的潜力。同时，高校要注重因材施教，尽量做到课程的设置、安排与学生的个性化差异相匹配。

（3）教学形式个性化。除了个性化的教学目标与个性化的教学内容，个性化教学的推进还需要教师在实践教学的过程中采取个性化的教学形式以挖掘学生的潜能，使个性化的教学目标与个性化的教学内容能够真正发挥作用。若想做到这一点，教师必须对学生的个性特点有一个相对全面的了解，并具备较强的实践教学能力，能够根据学生的个性特征灵活调整教学方法。在高校教学中，相比于研究型人才培养，应用型人才培养更加重视对于学生实践技能与综合素质的培养与提升。因此，创新教育方式，促进教学形式个性化、多样化发展，对于应用型人才培养来说非常重要。

二、构建课程体系的原则

科学构建校企协同育人的课程体系，不仅需要正确理论的指导，还需要遵循一定的原则，具体如图5-3所示。

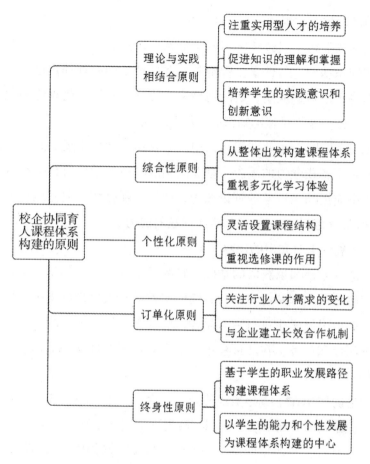

图 5-3 校企协同育人课程体系构建的原则

（一）理论与实践相结合原则

1.注重实用型人才的培养

在经济全球化背景下，社会对实用型人才的需求与日俱增。实用型人才不仅要拥有深厚的理论知识，更需要在现实世界中展现其所学知识的应用能力和问题解决能力。因此，高校应用型人才培养的核心目标已从单纯的知识传授转变为综合素质的培养，高校应用型人才培养非常重视学生实践能力和具体技能的提升。在这一背景下，校企协同育人课程体系的建设越发重视理论与实践相结合。

理论教学和实践教学之间相互依赖、相互促进。理论教学能够为学生夯实知识基础，帮助学生理解和掌握各种基础原理和理论知识。实践教学则将理论知识应用于实际情境中，使学生有机会将理论知识与实践经验相结合，深化对理论知识的理解和运用。

在校企协同育人的课程体系中，企业作为学校重要的合作伙伴，为学生提供了实践学习的平台。企业的实践场所使学生有机会在真实的工作环境中应用知识所学的理论知识，通过实际操作，更好地理解和掌握理论知识，增强其应用知识和解决问题的能力。

2. 促进学生对知识的理解和掌握

理论学习是知识获取的基础，它赋予学生扎实的知识结构，并帮助他们理解基础原理和规律，为后续的实践活动提供理论支撑。启发式教学可以有效引导学生进行独立思考，提升批判性思考的能力，拓展他们的思维深度和广度。在此过程中，学生对知识的理解和掌握程度也会不断深化。

理论的作用在于指导实践的开展，因而大学生对于知识的掌握不应停留在理论层面，而应该上升到实践层面。实践活动是理论学习的延伸，其使学生有机会将所学的理论知识应用到实际操作中，从而深化理解和掌握知识。在校企协同育人的课程体系中，企业提供的实际工作场景，使学生能在实际的工作环境中应用所学的理论知识，通过实际操作，了解知识的应用，提高解决问题的能力。

3. 强化学生的实践意识和创新意识

在现代社会，实践意识和创新意识是十分重要的素质。在校企协同育人的课程体系中，理论与实践相结合的教学方式可以强化学生的实践意识和创新意识。通过参与实践活动，学生可以了解和体验实际操作，强化自己的实践能力和问题解决能力。同时，实践活动是创新的源泉，学生可以在实践中发现问题，提出创新的解决方案，从而强化自己的创新意识。

（二）综合性原则

1. 从整体出发构建课程体系

在产教融合理念的指导下，校企协同育人涉及的知识非常多，既包括丰富的理论教学，又包括大量的技能训练。综合性原则要求，在课程体系建设中，无论是教学内容还是教学方法，都应该立足应用型人才培养，坚守立德树人与促进学生全面发展这一根本目标，从整体出发推进校企协同育人。

现代社会的发展对人才的需求越来越趋向综合，既要求人才具备较强的专业知识与专业能力，又要求人才具备较强的跨学科整合能力和创新能力。通过在课程体系建设中贯彻综合性原则，学生可以从不同的层面接触并了解解决问题的方法，提升创新能力，从而更好地适应社会发展的需求。综合性原则鼓励学生从多个角度理解和处理问题，这有助于发展多元化的视角和思维方式，培养其批判性思考和解决问题的能力，从而促进其全面发展。

2. 重视多元化学习体验

综合性原则还鼓励多元化的学习体验，它强调将理论学习与实践操作、跨学科的学术研究等不同的教育活动结合起来。这种方法可以为学生提供更全面的学习环境，有助于培养学生的跨学科思维能力，使他们能够在多种背景和环境中应用所学知识。这在当前复杂多变的社会环境中是至关重要的。

（三）个性化原则

个性化教学是当前重要的教学方式之一，个性化原则是现代教育理念中非常重要的原则之一。个性化原则要求教育要尊重学生的个性，因材施教，为国家和地方的经济建设和社会发展培养多层次、多规格的，具有鲜明个性、创新精神以及实践能力的复合型高级专门人才。在校企协同育人课程体系的构建中，个性化原则将关注的重点放在学生个体与教学过程上，强调课程是教学活动的主要构成要素，课程的构建要充分考虑学生个性的发挥，帮助学生获得更好的发展。

在课程体系构建中提倡个性化是因为学生有个性化发展的需要，社会的发展需要不同类型的人才，国家教育部门也提出了促进学生个性化发展的要求。若想在校企协同育人课程体系构建的过程中贯彻个性化原则，需要从以下两个方面入手：

1. 灵活设置课程结构

个性化原则对于构建校企协同育人课程体系具有重要的指导意义，它主张在保证学生掌握共通知识与能力的基础上，进一步促进学生个性发展。这不仅有利于培养出多元化、富有创新精神的人才，也能提升学生的学习热情和主动性。在教学过程中，教师应采用巧妙的引导、灵活的教学策略，以满足学生的个体化学习需求。因此，校企协同育人课程体系的构建应具备一定的灵活性，要保证学生在掌握专业基础知识之余，能根据自身的特性和兴趣选择不同的教学模块进行深入学习。课程结构应考虑学生的个体差异，进行差异化、层次化的教学，以激发和发展学生各自的专长和潜能。

在设置课程结构时，高校需要关注两个方面问题：首先，灵活性的实践不能忽视基础课程的教学时间，学生的个性发展不能离开对专业基础理论知识的学习。在构建应用型人才培养的课程体系时，对于必修课程的课时安排学校应给予充分重视，不能随意调整或缩减必修课程的学时，以确保学生对基础知识的充分掌握。其次，课程设置应具备科学性和系统性。灵活设置课程结构并不意味着破坏正常的教学秩序，而应是在遵循人才培养规律的基础上，为学生提供更广阔的发展路径。在这个过程中，校企协同育人模式为学生提供了一个更加广阔的学习和发展空间，使他们能更好地实现自我发展。

2. 重视选修课的作用

选修课在高等教育中占据着关键的地位，其在开阔学生视野、激活学生思维方面的作用不容小觑。然而，尽管选修课是高等教育的核心组成部分，它仍然常常被教育工作者和学生所忽视。在某些高等教育机构中，选修课程体系的建设和管理相对松散，教师对选修课的重视程度远不及必修课，学生对选修课的学习态度也不够积极。为提高学生的综合素质，高等教育机构应该加强对选修课的重视，科学地规划和管理选修课程体系。

选修课对于培养学生的个性和潜能起着关键的作用，是应用型人才培养体系的一个重要组成部分。教师不能因为必修课的内容繁多而忽视选修课的价值。为了全面发展学生的个性和潜能，教师应该根据不同的学生群体和应用型人才的需求，构建合理的选修课程模块。

选修课通常可以分为限制性选修课和非限制性选修课两种。限制性选修课是指学生需要在特定的学科或课程组中进行选择，对于提高学生的专业学习效果有着重要的促进作用。在校企协同育人中，限制性选修课程可能会将学习内容限定在与专业相关的领域，如多语言沟通能力的提高、视觉艺术设计、拓展的市场营销技巧、与心理学和法学相关的知识等。限制性选修课是必修课的重要补充，它是学生专业知识学习和个性发展相结合的关键环节。在课程体系的构建中，教育机构应该协调好限制性选修课和必修课，做到课程互补和相互促进。

相对于限制性选修课，非限制性选修课不受专业限制。在构建非限制性选修课程时，教育机构可以提升和培养学生的综合素质为主导，构建具有鲜明特色且满足学生成长和发展需求的课程。非限制性选修课的内容范围较广，包括文化课程、体育课程以及各种技能课程。在开设这类课程的同时，教育机构需要制定有效的教学管理策略和评估机制，以确保选修课程能够充分发挥其在人才培养中的重要作用，防止出现"只为获取学分"和"选择课程却不学习"的情况。

在校企协同育人模式下，选修课的设置应该紧跟时代潮流和行业需求。限制性选修课程不仅可以专注具体的学科知识，还可以结合企业实际需求，引入与行业相关的实用技能或新兴技术。而非限制性选修课可以根据学生的发展需求，提供更广阔的学习空间，如企业文化研究、职业道德培训、团队协作技能训练等。

（四）订单化原则

订单化原则是校企协同育人课程体系构建中应遵循的一个重要原则，它强调的是以企业需求为导向，根据企业订单确定人才的培养方案与具体课程的安排，以期培养出来的应用型人才能够满足企业发展的需求。在现代社会中，人力资源已经变成了企业核心竞争力的重要组成部分。高素质的人才是企业在激烈的市场竞争中立足的关键，尤其在新兴行业中，高素质人才能够帮助企业开拓市场，开辟新的发展道路。应用型人才的教育目标是培养能够满足企业发展需求的人才，因而校企协同育人的课程体系构建必须以企业需求为导向，以行业的人才结构为重要参考。

在应用型人才的培养过程中，学校与企业共同组成人才培养的主体，双方联合制订人才培养的方案，共同进行人才的培养，学校根据企业的需求培养人才，企业则为学校提供一系列的帮助和支持。这种产教融合理念指导下的校企协同育人的模式，催生出校企协同培育应用型人才中的订单化培养模式以及课程体系建设中的订单化原则。

订单化原则能够有效沟通教育与就业，使人才培养有的放矢，使学生的知识与能力结构符合行业发展的需求。一方面，企业能够通过与学校联合进行人才培养补充自身发展所需的人才，填补人才缺口，实现高质量的发展，在激烈的市场竞争中取得先机。另一方面，学生能有针对性地进行系统性学习，并能顺利实现从课堂到企业的过渡。因此，在高等教育机构应用型人才培养的过程中贯彻订单化原则，有利于实现学校、企业与学生的多方共赢。订单化原则的实施可以从以下两个方面入手：

1. 关注行业人才需求的变化

课程体系建设贯彻订单化原则。学校与企业应该明确市场的发展现状与趋势，关注行业人才需求的变化，深入分析市场对于不同类型人才的需求，并以此为依据，结合企业与学校自身的发展实践，适时调整课程的结构，增加与企业需求紧密相关的课程的比重，使课程结构真正按订单构建，提升教学活动的针对性。

2. 与企业建立长效合作机制

在校企协同育人课程体系构建中贯彻订单化原则的重要前提和保障就是校企之间建立长效的合作机制。订单式培养方式可以实现招生与招工同步、毕业与就业联通、教学与生产融合，企业之所需即学校之所教，学生之所学即岗位之所用。这种培养方式具有很强的目的性与针对性，以企业的具体需求为指向。订单化培养要求学校与企业建立有效的合作机制，始终保持密切的联系，明确企业需要什么类型的人才。另外，长效的合作关系也是校企协同育人的必要条件。在校企合作中，校企双方必须建立相对稳定的合作关系，如此才能确保人才培养的质量。

（五）终身性原则

终身学习原则贯穿于校企协同育人的课程设计中是至关重要的。教育工作者要以全局视角规划课程体系，要关注学生的即时就业需求，更要关注他们的长期发展和生涯规划，让他们在校期间的学习能够对其后续的职业生涯产生深远影响。在实现这个目标的过程中，教育工作者需要注意以下两个方面：

1. 基于学生的职业发展路径构建课程体系

在当今社会环境中，人们的工作岗位和职业方向变动频繁。因此，教育工作者在设计校企协同育人课程体系时，应基于学生的长期职业发展需求，而非仅仅关注其短期就业情况。

在构建校企协同育人课程体系的过程中，教育工作者需要对课程的内容、教学方式进行深入研究，科学地设计基础理论课程、实践操作课程和知识广泛覆盖的课程。

2. 以学生的能力和个性发展为课程体系构建的中心

在校企协同育人的课程体系构建中，教育工作者需要以学生的能力和个性发展为中心。能力涵盖了学生完成特定任务所需要的综合素质，个性则反映了学生的思维方式和行为模式。

能力素质是衡量一个人是否能够胜任工作的重要指标。在构建校企协同育人课程体系时，教育工作者应将提高学生的专业能力作为主要目标，将理论教学与实践操作相结合，帮助学生在掌握理论知识的基础上提高实践能力。此外，教育工作者还应注重提升学生的通用能力，如自主学习能力、团队协作能力和创新能力等，这些素质对学生未来的发展有重要影响。

人格的形成和发展也会对学生的职业生涯产生深远影响。人格是一种稳定的心理特征，反映了人的思维方式和行为风格，对于个体的实践具有非常重要的影响。在校企协同育人的课程设计中，教育工作者应注重学生健康人格的培养，以增强他们的综合素质。良好的人格能够帮助学生更好地适应各种工作环境，发挥其主观能动性，为其未来的职业生涯打下坚实的基础。

三、构建课程体系的路径

（一）厘清课程体系构建思路

厘清课程建设的思路是建设和完善校企协同育人课程体系的重要前提。校企协同育人课程体系建设包括根据高校人才培养方案确定的课程设置、课程内容以及开课进度安排。课程体系建设是教育的基础环节，是学校教学实践的主体内容。因此，在着手推进课程建设时，高校必须厘清思路。

校企协同育人课程体系建设不是简单的教学内容安排。从内容上来看，校企协同育人课程体系建设包含校企协同育人涉及的各个教学模块，涵盖了多项素质的培养，是教学系统的基础构成要素。从结构上来看，校企协同育人课程体系建设包含理论知识课程、实践训练课程以及综合素养课程等不同类型的课程，是全面提升学生专业素质和综合素养的重要保障。

课程体系不是简单的课程堆叠，而是应具有明确的设计思路，既符合人才培养的规律、学生发展的规律，又与时代的发展相结合，这样才能保证课程建设的科学性和有效性。没有清晰、明确的课程设计思路，课程的建设就会杂乱无章，不符合教育的一般规律，难以达成理想的目标。

（二）明确课程构建的侧重点

1. 明确显性课程与隐性课程之间的关系

显性课程也叫正规课程、显在课程，指的是教师和学生在规定的时间、规定的地点，依据教材和教学大纲，完成规定教学内容的有目的、有计划的教学实践活动。隐性课程则是除显性课程外，能对学生知识、技能和综合素质的提升产生促进作用的教育课程，是一种隐含、非计划、不明确或未被认识到的课程。隐性课程包括学校文化方面的教育、学习与生活环境方面的建设以及人际关系的建立等。与显性课程有组织的开展教学活动不同，隐性课程对学生成长和发展的影响是潜移默化的，更多表现为一种润物细无声的教育形式。

第二课堂是隐性课程的重要载体，指的是在学校课程培养计划之外开展的开放式教育活动和实践活动的综合，包括社会实践、志愿服务、学术活动、创新创业、素质拓展、文体竞赛、学生社团等方面的活动，是对课程教学第一课堂的延伸和拓展。第二课堂的任务并非直接向学生传授特定的知识与技能，而是关注学生人格的发展与综合素养的提升。隐性课程是美育与德育的重要方式，通过丰富多彩的实践活动的开展与良好文化氛围的营造，帮助学生树立正确的世界观、人生观和价值观，不断完善学生的人格，促进学生的全面发展。

在建设校企协同育人课程体系时，高校要先了解课程与隐性课程之间的关系，并基于此科学安排课程。显性课程与隐性课程之间的关系主要有以下三点：

（1）互相补充。显性课程是在一定教学计划的指导下开展的教学活动，以学术性知识教学与专业技能培养为主要任务。隐性课程是在教学计划之外开展的教育性活动，以品德、综合素质的培养为主要任务。两者相辅相成，在促进学生全面发展方面形成良好的互补关系。

（2）互相促进。显性课程与隐性课程之间是相互促进、共同提升的。显性课程与隐性课程相互配合开展人才培养，能够在不断完善学生的知识与能力体系的同时，提升学生的综合素质。学生在显性课程中学习到的知识与技能，能够帮助学生更好地认识世界与改造世界，进而推进隐性课程的发展，而学生通过隐性课程可以实现自身综合素养的提升，以正确的价值观处理在学习与生活中遇到的问题，这对于学生显性知识的学习大有裨益。

（3）互相转换。显性课程与隐性课程之间的关系并不是一成不变的，显性课程的实施总是伴随着隐性课程，显性课程也可以作为一种隐性课程存在于其他专业的学习过程中。而隐性课程在一定条件下是可以转化为显性课程的。隐性课程一旦被发现了具有成为显性课程的价值，其育人内容就会被明确化、系统化、规范化，进而被开发为显性课程。

显性课程与隐性课程的科学搭配对于校企协同育人课程体系构建来说非常重要。在立德树人的指导下，高校教育有着显著的美育与德育性质，而且专业课程之中蕴含着大量的美育与德育内容。因此，高校在通过显性课程系统讲授理论的同时，要充分发挥隐性课程的育人作用。合理规划两者的课程结构，科学配置两种课程的课时量，使两者有机结合在一起。

2. 重视课程内容之间的联系性

要想科学构建校企协同育人课程体系，高校应对课程内容与课程结构有一个明确的设计思路，明确每个单元的教学目标，确保每个单元的教学目标之间存在着较强的内在逻辑联系，从而形成一个有机的整体。在教学过程中，教师应该重视知识体系的完整性，确保每个模块的知识点都能够与前后的模块有所联系，从而形成一个知识连贯的整体；采用多种教学方法，如案例分析、讨论、互动教学等，加强学生对知识的理解和应用，帮助学生理解知识之间的联系，从而增强课程内容的连续性。当然，由于应用型人才培养的特殊性质，教师还要注重专业教学内容与其他学科之间的内在联系。

（三）科学构建课程体系

校企协同育人课程体系的建设既需要符合新时代中国特色社会主义发展对于人才的需求，又需要满足学生自身发展的需求。校企协同育人课程体系的构建路径，如图 5-4 所示。

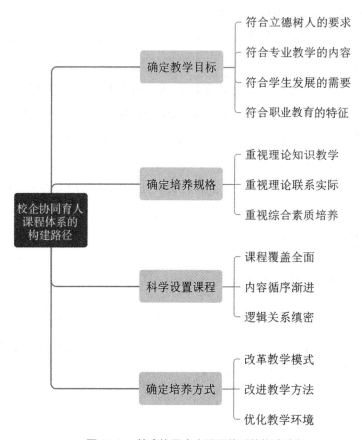

图 5-4　校企协同育人课程体系的构建路径

1. 确定教学目标

（1）符合立德树人的要求。在确定校企协同育人课程的教学目标时，高校应该遵循全面发展理念与素质教育的基本要求，重视德育引领，注重培养学生的多方面能力，如思维能力、创新能力、实践能力、语言表达能力等，同时注意教学内容的科学性、针对性、时代性和启发性，以达到培养具备较高综合素质的新时代人才，实现立德树人的目的。

（2）符合专业教学的内容。专业教学目标的制定必须以专业教学的基本内容为依据，在宏观上体现出核心素养的要求，在微观上全面涵盖、高度总结校企协同育人教学各主要模块的核心内容，确保学生知识与素质结构构建的全面性、完整性与科学性。

（3）符合学生发展的需要。"以人为本"是当今时代的核心教育理念。校企协同育人课程的教学目标应该与社会需求相适应，同时与学生自身发展的需要相吻合，不但要遵循国家的教育政策、符合社会文化建设的要求，也要考虑学生未来的发展方向和就业需求。

（4）符合职业教育的特征。应用型人才培养重视对于学生实践能力的培养，因而校企协同育人专业课程体系的建设应该符合职业教育的特征，重视学生职业素养、职业道德的培育，重视提升学生在职业实践中对于专业知识的运用能力。

2.确定培养规格

在课程建设中，高校确定了人才培养的目标，下一步就是根据目标确定人才培养的内容，即确定培养的规格。培养规格包括学生的知识、素质和能力结构。这三个方面的内容是当今时代人才培养的核心内容，涵盖着新时代学生成长和发展必备的素质。培养规格是对人才培养目标的细化，是具体课程设置最直接的参考。

（1）重视理论知识教学。专业课程要重视知识的传授，知识不仅包括理论知识，还包括符合专业核心素养的一系列拓展知识。无论是智力水平的提升还是学生认知、理解能力的增强，都离不开知识的积累。缺乏基本知识的积累，学生的素质结构就像是无源之水、无本之木。

（2）重视理论联系实际。理论联系实际就是通过高职专业教育切实提升学生的能力，既包括在专业知识引领下学生专业素养的提升，也包括专业课程能帮助学生提升的一系列能力，如思维能力、分析能力、动手能力、价值判断能力、创新能力、沟通交流能力、自我调节能力等。鉴于学生实践能力的提升是通过专业教学过程中理论与实践的有机结合实现的，高校在课程建设的过程中必须重视课程结构的合理设置，以及教学方法的灵活运用。

（3）重视综合素质培养。提升学生的综合素质是贯彻全面发展育人理念的必然要求，因为当今时代对于高素质人才的要求不仅仅是具备相对完善的专业素养，还包括相对较高的综合素质，只有这样，才能帮助学生更好地适应时代的需求，实现自身的发展。

3. 科学设置课程

课程设置是校企协同育人课程体系建设最核心的内容，是课程建设理念、原则的具体体现，是培养规格在教学实践中的现实载体。课程设置的目标即构建科学、系统、合理的课程体系。校企协同育人课程设置需要注意以下几个方面的内容：

（1）课程覆盖全面。课程的设置必须保证对知识的覆盖全面，不能遗漏知识，这是课程设置的先决条件。校企协同育人课程的各大模块对于学生的成长、发展与社会化来说十分重要，作为立德树人的重要载体与促进学生全面发展的重要路径，校企协同育人课程必须保证各模块、各单元教学内容的完整性，只有这样，才能保证学生知识体系与素质结构构建的科学性与完整性。

（2）内容循序渐进。课程设置要循序渐进，既符合一般的教育规律，又符合学生学习与发展的规律，要在夯实学生基础知识的前提下，按部就班地培养和提升学生的各项能力与素质。教育工作者要根据不同模块知识的难易、教育的一般规律，以及学生具体的认知水平来科学设置专业课程。

（3）逻辑关系缜密。课程的设置需要有清晰的内在逻辑关系，这是课程设置最基本的要求之一，因为基于学生全面发展的校企协同育人课程教学涉及的内容较多，倘若课程的设置缺乏内在规律性，那么课程体系就会杂乱无章，不利于人才的培养。高校在设置教学内容时，应该使其具有系统性、完整性、时代性和启发性，注重理论与实践的结合，如采用模块化的设计方式，将专业课程内容按照主题、问题、任务等要素进行划分，促进教学内容的有机衔接和学生知识的系统化构建。

4. 确定培养方式

培养方式是专业课程教学的具体落实，科学的培养方式可以保证课程建设实现预期的教学目标。培养方式主要包括教学模式、教学方法与教学环境三个方面。

　　教学模式与教学方法的选用与课程设置之间具有密切的联系。教育工作者应按照具体的课程内容与人才培养目标灵活选择教学方法，同时根据实践发展的需求不断革新教学模式，改进教学方法。而教学环境的建设对于专业教学良好开展来说必不可少。教育工作者在学生培养方式的选择上要贯彻"以人为本"的思想，注重学生的主体地位，保证专业教学的科学、高效推进。

第三节　优化教学方法与手段

一、灵活运用教学方法

（一）情境教学法

1.情境教学法的内涵

　　情境教学法指的是在实践教学之中，教师有目的地引入或创设具有一定情绪色彩的、以形象为主体的生动且具体的场景，将教学活动置于创设的情境中开展，以触发学生的态度体验，从而帮助学生更好地理解知识，并使学生的心理机能得到发展的教学方法。

　　情境教学理论认为，学习不能简单地理解为把抽象的知识从教师这里传递给学习者，也不仅仅是一个基于个体的意义建构过程，而是一个社会性、互动性、协作性的过程，是处于某一特定情境下的学习。

2.情境教学法的特点

（1）形象逼真。形象逼真是情境教学法最突出的特征。情境并不是实体的复现，而是简化的模拟。情境教学法的科学运用可以让学生获得与实体相似的形象，进而产生真实感。

（2）融情于境。情境教学法的实施必须以生动形象的场景创设为基础，如此方能激发学生学习和练习的情绪和感情的体验。在此过程中，教师要借助语言，将情感寓于实践教学的过程之中，重视学生的情感体验，使学生在一定的情境中自觉进行知识的探索与学习。情境教学法融情于境，为学生创设和开拓了一个广阔的想象空间，从而使学生能够更深刻地理解和掌握教材内容，激发学生的想象力。

（3）知、情、意、行相融合。情境教学的前提是创设一定的教学情境，用实物演示情境，直观地再现情境、借助语言描绘情境等诸多方法，将学生引入一定的情境之中，使之产生一定的内心感受和情绪体验，进而克服一定的困难，形成达成一定志向的意愿，积极地进行练习，达到知、情、意、行相融合的效果。

3.情境教学法的运用

情境教学法通过视听效果引入或者创设具体的情境，形成知、情、意、行相融合的教学形式，其对应用型人才培养大有裨益。这主要体现在以下四个方面：第一，情感因素的输入使得情境教学能在很大程度上提升教学的效果。第二，情境教学使教学活动更加贴近实际的生活情境，而不再局限于课本之中，因而非常符合应用型人才培养与生活实践联系紧密的特征。第三，情境教学一般与混合教学模式结合在一起，将融媒体等先进的教学工具引入课堂，符合时代的发展特征。第四，情境教学充分尊重学生的主体地位，符合现代教育理念。[①]

在专业教学各模块的教学实践中，教师可以根据教学需求创设出合适的教学情境，将课堂教学的主要知识点与情境充分融合。比如，在法治模块教学中，教师可以创设相应的生活情境，将课堂变成一个浓缩的社会，让学生在不同的情境中处理相应的法治问题，提高学生的法治意识，使学生知法、懂法、守法并能够正确用法。

---

① 舒婧娟，汪萍，鲁春林.基于多维视角下的英语教育模式研究[M].青岛：中国海洋大学出版社，2019：164-170.

（二）案例教学法

案例教学法是一种以真实或虚拟的案例为基础，引导学生思考、分析和解决问题的教学方法。在校企协同育人模式中，案例教学法可以通过案例引导学生思考问题，帮助学生发现问题、解决问题，并使学生加深对专业知识的理解和掌握。例如，教师可以在课堂上分配案例，要求学生在小组内进行分析和解决问题。这种方式可以培养学生思考和解决问题的能力、实践能力和团队合作精神。更重要的是，解决真实的企业案例问题，有助于学生更清晰地认知和规划未来的职业生涯，这是应用型人才培养的重要环节。实际上，案例教学法还可以广泛应用到实习实训、项目研究等环节。例如，在实习实训环节，学生可以直接参与企业的实际工作，解决企业中的实际问题。在项目研究环节，学生可以根据企业的需求，开展相关的项目研究，解决企业的实际问题。

二、充分利用现代教学手段

随着科技的飞速发展和社会的深度变革，教育行业正在经历一场前所未有的变革，多媒体教室、融媒体教学、在线教育平台等现代化教学手段开始出现，并被广泛应用于教学中。这些新的教学手段不仅丰富了教育形式，还提高了教育的质量和效率。现代教育技术的核心就是充分运用混合学习理论，将信息技术与课程教学有机结合，利用信息技术的优势，构建出理想的教学环境，不断丰富学生的学习方式。受此影响，教师不再是单纯的知识传授者，而变成了学生学习的引导者和辅助者，他们利用各种教育技术工具，设计出丰富多样的教学活动，使学生在参与和互动中，主动掌握知识，提高技能。这不仅提升了学生的学习兴趣，而且也更好地实现了教学目标。

在校企协同育人模式下，现代教育技术发挥了更为重要的作用。首先，它打破了传统教育的时间和空间限制，使得校企协同育人能够在更广阔的范围内开展。通过网络平台，企业可以为学校提供实时的行业信息、开办技术讲座，学校也可以为企业提供最新的学术研究成果和人才培养方案，双方可以在任何时间、任何地点进行交流和合作。现代教育技术可以帮助学生更好地理解和掌握专业知识和技能。通过虚拟仿真实验、实时互动教学、在线案例分析等方式，学生可以在仿真的工作环境中，实际操作、实时反馈，从而深入理解和掌握知识和技能。这种方式不但提高了学生的学习效率，而且培养了他们的实践能力和创新思维。现代教育技术也是学校和企业合作研发、创新教学的重要工具。通过大数据分析、人工智能推理等技术，学校和企业可以共同探索教学方法和课程设计的最佳方案，以适应不断变化的市场需求进步。这种方式不但提升了教育的质量和效率，而且促进了学校和企业的创新发展。

第四节　科学构建评价体系

一、评价体系的重要作用

（一）教学反馈作用

科学的评价体系能够作为一种监督的手段，为校企协同人才培养主体提供关于人才培养的更加全面、客观、详细的信息。科学的评价体系在评价内容上能够覆盖人才培养的各个环节与各组成要素，能够科学地反映人才培养过程中具有的优点与存在的不足，帮助人才培养主体更好地观察人才培养的整个过程，同时作出更加科学的决策。评价体系的教学反馈作用集中体现在以下三点：

1. 全面掌握学生的学习状况，为教学改革提供依据

校企协同育人评价体系可通过定期执行多样化的评价手段，深入掌握学生在专业技能和职业素养培育方面的进步情况，涵盖了学习动态、

学习兴趣、学习方式和学习成果等多个方面。这些评价结果为教育工作者提供了学生学习的精确信息，使得教育工作者能够实时了解学生的学习困难和需求，为教学的改进和优化提供数据依据。如此，教育工作者可以根据评价结果对教学内容、教学方式和教学进程进行调整，以期提高教学效率和效果。

2. 激发学生的自主学习意识，促进学生全面发展

校企协同育人评价体系可以为学生提供及时、有效的学习反馈，让他们能够了解自身在职业技能和职业素养方面的长处和不足。这样的反馈机制能够激励学生更加主动地参与学习，更加关注自身在职业素养各方面的成长和进步。通过自我总结与反思，以及调整学习方式和态度，学生能在职业技能和职业素养方面取得更好的发展。同时，教育机构可以根据评价结果为学生提供个性化的指导，帮助他们解决学习问题，提升职业素养。

3. 提升教育工作者的教育教学能力，推动教育改革

校企协同育人评价体系可以为教育工作者提供关于教育教学效果的反馈信息，让教育工作者了解自己在教学方式、教学内容和教学组织等方面的优劣。通过对这些反馈信息的分析和反思，教育工作者可以调整教学策略，优化教学方式，从而提升教学能力。另外，教育工作者还可以通过分享评价结果和教学经验，与同行进行交流和学习，共同提升教育教学水平。

同时，校企协同育人评价体系的反馈作用可以推动教育教学改革。通过对评价结果的深度分析，育人主体可以识别出在教育教学过程中存在的问题，从而制定相应的改革措施。这些改革可能涉及课程设计、教学方式、教育资源分配等多个方面，旨在提升校企协同育人模式下的教育质量。例如，育人主体可以根据评价结果调整职业技能和职业素养培育的课程结构和内容，以使其更贴近学生需求和社会发展；也可以增加对教育工作者的培训投入，提高其专业素质和教育教学能力。

在教育工作者职业道德这一主题中，校企协同育人评价体系也起着重要的作用。通过评价系统，教育工作者可以反思自己在实施教学过程中的行为是否符合教育伦理和职业规范，进一步引导自身始终以学生的全面发展为教育目标，坚守教育公平、尊重学生个性发展的原则。同时，通过评价体系的反馈，教育工作者能更好地了解和满足学生的需求，营造一个尊重、公正、公平的教育环境，这不仅是教育工作者的职业要求，更是道德责任。

（二）资源配置优化作用

科学的评价体系有助于教育资源更高效的配置，使不同主体的教育资源能够得到更好的保护和利用。虽然我国的校企协同育人已经取得了显著的成效，但是在新时代高等教育中贯彻全面发展的教育理念，完成立德树人的根本任务，推进校企协同育人的深入发展，就需要对校企协同育人的推进模式进行优化。对于重视学生实践能力培养的职业教育来说更是如此。一个科学的评价体系，能够对教育资源分配与使用的合理性进行全面的评价，帮助教育主体根据教育的实践调整资源的分配方式，使有限的教育资源得到充分的利用。评价体系的资源配置优化作用主要体现在以下三点：

1. 明确教育目标，提升教育质量

校企协同育人的目标是培养较高综合素质、德智体美劳均衡发展的现代化人才。为达成此目标，评价体系对教学资源、教育方法、教师团队等方面提出了具体要求。这些明确的要求能够帮助教育机构最大化地利用现有资源，以提升教育质量。例如，评价体系要求教育机构在人才培养方面投入充足的经费、人力等资源，保障教育工作的有效推进。同时，评价体系要求教育机构加强对教师的培训，提升教师的职业技能和素质，使他们更好地承担起教育任务。

2. 优化课程设计，创新教育模式

在校企协同育人评价体系中，教育机构要将人才培养贯穿整个课程设计之中，并与企业需求紧密结合。为了达到这一要求，教育机构需要优化现有的课程设计，提升课程的针对性和有效性。具体来说，评价体系可以考查课程中人才培养相关内容的呈现，如职业道德、法律法规、专业技能等，考查这些内容与实际工作需求的整合程度，确保学生在掌握专业技能的同时，提高自身的职业素养。此外，评价体系还能对具体的教学模式和方法进行评估，优化教学实践中的资源配置。

3. 建立有效的激励机制，强化教学效果

校企协同育人评价体系要求建立有效的激励机制，以提高学生的学习动力和教师的教育热忱。例如，教育机构可以通过奖学金、荣誉称号等方式，表彰在职业技能学习方面表现出色的学生，以激发他们的学习积极性。同时，教育机构应对在教育工作中表现突出的教师给予奖励，如评优、晋升、待遇提升等，激励教师全身心投入教育工作，提升教学质量。

（三）导向作用

导向作用是评价体系最重要的作用之一。评价体系不是仅仅为评价行为而存在的，其更重要的目的是通过对教学实践作出价值判断，帮助教育主体发现教育过程中存在的不足，并进一步优化教育行为。评价体系的导向作用主要体现在以下三点：

1. 明晰教育理念，引领教育发展方向

校企协同育人评价体系的首要任务在于阐明教育理念。此评价体系要求育人主体始终秉持培养全面发展的现代职业人才的目标，注重职业道德教育的核心位置，要求教育活动紧扣此目标进行。通过清晰的教育理念，评价体系引领育人主体将职业道德教育渗透至教育全过程，确保教育活动始终向着正确的方向推进。

2. 确定评价标准，明晰教学重点

校企协同育人评价体系通过确定一系列具体且明确的评价标准，为教育活动提供了量化且可操作的参考依据。这些评价标准包括学生的道德素质、法治意识、职业道德、学科知识、实践能力等方面。通过这些评价标准，育人主体能够明确教学重点，采用目标导向的方式开展教育活动。例如，根据评价标准的要求，育人主体可以在课程设计、教学方法、实践环节等方面进行优化调整，以保证教育活动的实效性和针对性。

3. 及时识别问题，优化教育方式

借助评价体系，育人主体可以精确捕捉教育重点，及时发现教育过程中出现的问题，并对教育模式或教育的具体方式、方法进行调整。同时，科学的评价体系为学生的学习提供了明确的方向，使学生能够顺着正确的路径构建自身的知识和能力体系，调整学习方法，更好地解决遇到的问题。

二、评价体系构建的原则

在明确了评价体系对教学活动的重要意义后，科学构建校企协同育人评价体系还需要遵循图 5-5 中的几点。

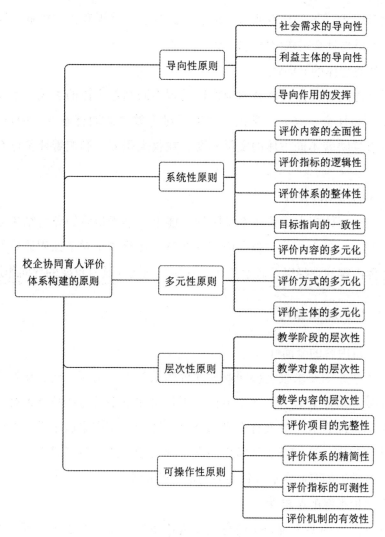

图 5-5　校企协同育人评价体系构建的原则

（一）导向性原则

1. 社会需求的导向性

因为校企协同育人重视对学生实践技能的培养，强调以能力本位理念为指导开展教学活动，因而校企协同育人评价体系的内容必须符合社会的实际需求，不仅是专业课，通识类课程、选修课程也应如此，要重视人才素质与社会需求之间适配度。

2.利益主体的导向性

校企协同育人评价体系的构建还受到不同利益主体的影响。不同利益主体，如社会、家庭、学校、学生等对于教育活动有着各自的诉求，这些诉求反映着不同主体的实际需要，在很大程度上影响着评价体系的构建。

3.导向作用的发挥

导向性还体现在评价体系实际的功能上。鉴于最终的评价结果涉及校企协同育人教学模式与教学内容的调整，评价体系对于课程体系的构建、课程内容的选择以及教学工作的具体实施同样具有重要的导向作用。

（二）系统性原则

1.评价内容的全面性

系统性原则要求校企协同育人评价体系的内容全面。这意味着评价指标需要涵盖职业教育的各个方面，不仅关注学生的专业技能训练，也要重视学生的自我发展及社会参与情况。评价不仅应聚焦于学生专业知识的掌握程度，还需要重视学生的自主学习能力的培养、思维能力的提升，以及学生的身心发展及社会参与能力的培养。

2.评价指标的逻辑性

系统性原则要求校企协同育人评价体系应该是一个逻辑清晰、涵盖全面的整体，其中各指标之间应具有清晰的逻辑关联，各个指标组合起来能全面反映校企协同育人的成效。为此，各指标之间既不能出现重复和冗余，又要保证各指标之间的紧密联系。

3.评价体系的整体性

评价体系的整体性是指整个评价系统需要基于促进学生全面发展这一终极目标，从应用型人才培养的全局视角构建评价体系。同时，评价体系需要立足区域发展实际和学校自身的教育实践，以保证评价体系符合校企协同育人的人才培养目标。

4. 目标指向的一致性

系统性原则要求评价指标的目标指向具有一致性。不同的指标评价的内容有所不同，但其必须服务促进学生全面发展，培养新时代高素质应用型人才这一整体目标，不能脱离国家和社会对于人才的基本需求。只有这样，评价体系的有效性才能得到有效保证。

（三）多元化原则

1. 评价内容的多元化

校企协同育人评价体系的内容应该是多元的，这是符合学生全面发展这一整体价值追求的。评价内容不能仅重视对理论知识教学的评价，还应包含对学生实践能力、职业素养以及综合素质等方面的评价。

2. 评价方式的多元化

多元化原则还要求校企协同育人评价的方式要多元化发展。现代高等教育重视学生综合素质的提升，因而评价应该关注学生各个方面素质的提升，且应该将过程性评价与结果性评价有机结合，既要关注学生对于知识与技能的掌握，又要关注学生对知识的实际应用情况。

3. 评价主体的多元化

多元化原则还要求校企协同育人评价的主体是多元的。随着时代与教育的发展，人们越来越深刻地认识到，学生是教学的主体，人才培养只有坚持以学生为主体，才能达成理想的教育目标。可以说，学生既是学习者，也是评价者。不同的育人主体应深入参与教学评价，多角度、全方位地对人才培养的全过程进行评价。

（四）层次性原则

层次性原则指的是在高等教育阶段，校企协同育人评价体系的构建要具有一定的层次，不能按照一个模板进行教学评价。校企协同育人评价体系的层次性主要体现在以下几个方面：

1. 教学阶段的层次性

针对不同的教学阶段，评价体系的内容应该体现出鲜明的层次性。不同年级的学生在认知能力与思维水平上存在较大的差异，且学生之间的个性由于教学阶段的不同而处于不断变化的状态，因而育人主体需要针对不同的教学阶段构建不同的校企协同育人评价体系。

2. 教学对象的层次性

不同教学对象在认知水平、思维能力、个性特征等方面有着鲜明的差别。教学评价体系的构建要重视这种差异性，针对不同的教学对象制定不同层次的评价指标。

3. 教学内容的层次性

在校企协同育人过程中，无论是理论知识教学，还是实践能力训练，其教学内容都是循序渐进的，不同阶段、不同模块的教学内容在难易程度上是不同的。这就要求校企协同育人评价体系的构建必须立足具体的教学内容，针对不同的理论与实践教学内容分层次进行评价。

（五）可操作性原则

1. 评价项目的完整性

评价项目的完整性指的是评价项目自身的结构应该是完整的，既要体现理论与实践教学的内容，又要涵盖学生综合素质的培育。同时，评价体系的每一个环节不应有遗漏，只有以此为前提，整个评价体系才能正常运行。

2. 评价体系的精简性

在构建校企协同育人评价体系时，育人主体要在保证评价项目完整性的同时，注重评价体系的简化与明确，控制评价指标的数量，剔除无关紧要的评价内容，不应存在评价指标冗余的情况。课程评价体系的构建应该做到使评价目标与评价项目之间具有较好的一致性，实现评价项目与评价目标的良好融合。这一目标的实现依靠的不是冗杂的评价指标，而是能够准确反映课程体系质量的精简且明确的指标。因此，在构建校企协同育人评价体系时要注重评价指标的简易性，使课程既能准确反映课程体系的质量，又简单易行。

3. 评价指标的可测性

校企协同育人评价体系构建的可操作性原则还体现在评价项目和评价标准的可测性上。在分析方法上，课程体系评价项目的分析方法主要分为两种，分别是定性分析与定量分析。在定性分析层面，育人主体要对评价项目与标准的内涵、等级与层次进行明确的划分，不能使用模糊的术语，要明确评价结论的区分度。在定量分析层面，育人主体要使评价项目与标准尽量准确、客观、可量化，要选取科学的数据分析模型对评价指标进行计算与分析，提升评价结果的科学性。

4. 评价机制的有效性

评价机制的有效性指的是评价体系应发挥其应有的功能，包括导向功能、监测功能、资源配置优化功能等，要能够及时反馈有效的信息，帮助教育工作者及时发现教学中出现的问题并进行调整。要保证评价机制的有效性，教育工作者必须按照核心素养培育的标准构建评价体系，并在教学实践中持续对其进行优化。

三、评价体系的构建路径

在明确了产教融合引领下校企协同育人评价体系的构建原则后，高校就可以着手创设评价体系的内容了。校企协同育人评价体系的主要内容包括以下几个方面：

（一）对教学目标的评价

1. 教学目标的可行性

教学目标对于课程体系的构建与课程教学具有直接的影响，因而教学目标的可行性评价对于校企协同育人教学目标的制定来说十分重要。具备可行性的人才培养目标具有实施价值，能对课程体系的构建及教学活动的开展起到指导作用。

人才培养目标的可行性主要体现在以下几个方面：第一，人才目标需要符合客观基础，即学校的教学条件、区域发展实践等。若教学活动脱离了这些条件，则难以达到理想的育人效果。第二，人才培养目标应符合学生的认知和心理发展规律。作为教育活动的中心，学生的发展需要和认知过程必须被充分考虑。因此，人才培养目标的制定应以学生的认知模式和发展需求为基础，确定目标内容和难度。第三，人才培养目标的设定要符合教育的一般规律，遵循教育的普遍原则。这意味着高校在设定目标时，必须综合考虑教育的内在价值、教育过程的普遍规律，以及教育成果的实际影响等因素。第四，人才培养目标需要得到教师的理解和认同，并在教学实践中得到贯彻执行。作为教育活动的主导者，教师的理解和接受对于目标的实现至关重要。只有教师理解并接受人才培养目标，教学活动才能按照设定的目标进行，从而实现最佳的教育效果。

2. 教学目标的准确性

教学目标对于教学活动具有重要的指导作用，因而教学目标的表述必须是准确的，而不能是模棱两可的。准确的教学目标能够为校企协同育人提供明确的教学方向。教师和学生在教学过程中能够清晰地知道教授和学习的目的，从而有针对性地开展教学和学习活动。明确的教学目标有助于保证教育教学的质量和效果。

准确的教学目标有助于教师根据教学目标制订合理的教学计划和策略。教师可以根据明确的教学目标，安排合适的教学内容、教学方法和教学进度，确保教学活动的顺利进行。准确的教学目标还能为评价教学效果提供客观、清晰的参照标准。通过对比教学目标和实际教学成果，教师可以对教学过程进行全面、客观的评价，从而发现教学中存在的问题，为教学改革提供依据。

准确的教学目标还是提高教学质量的关键。明确的教学目标可以使教师和学生更加关注教学质量，从而在教学过程中注重实际效果，不断调整和优化教学方法，确保教学质量的提高。

3. 教学目标的全面性

校企协同育人目标应具有全面性。全面性的教学目标涵盖了学生的思想道德素质、法治意识、职业道德、学科知识、实践能力等方面，其有助于培养全面发展的社会主义建设者和接班人。凭借全面性的教学目标，教育工作者可以在教学过程中更好地关注学生在各个方面的成长和进步，促进学生的全面发展。

全面性的教学目标有助于强化校企协同育人教学内容的系统性。在教学过程中，全面性的教学目标使教育工作者能够系统地安排教学内容，从而避免教学过程有关偏颇。同时，全面性的教学目标有利于激发学生的学习兴趣，使学生更加关注自己在各个方面的发展，提高学生的自主学习能力。全面性的教学目标还有助于推动校企协同育人教学改革。教育改革需要从多个方面进行，全面性的教学目标则为教育改革提供了方向和参照。通过分析全面性的教学目标与实际教学成果之间的差距，教育工作者可以发现教育教学中存在的问题，进而制定相应的改革措施。这些改革措施可能涉及课程设置、教学方法、教育资源配置等方面，旨在提高校企协同育人的质量和效果。

4. 教学目标的整体性

整体性指的是不同教学目标之间应该具有内在的逻辑联系，而不是彼此孤立的。人才培养是一个完整的系统，因而教学目标也应该从人才培养的整体出发来制定。

教学目标结构上的整体性有助于促进校企协同育人课程体系的建设。整体性要求教学目标在内容、层次和关系上具有系统性和完整性，使得课程设置更加科学、合理。这有助于高校在协同育人课程体系建设中，形成各类课程之间的有机联系和协同发展，以便更好地满足学生综合素质发展的需求，提高教育教学质量。教学目标结构上的整体性还有助于保障校企协同育人的连贯性。通过整体性的教学目标，教育工作者可以更好地把握教学目标之间的联系，确保教学内容在不同阶段、不同课程之间具有连贯性。这有利于帮助学生建立系统的知识体系，提高学生的整体素质。具有较强整体性的教学目标还有助于校企协同育人协同性的提升。整体性的教学目标强调各课程、各教学环节之间的紧密配合和协同发展，有利于教学效果的强化。通过全面贯彻整体性的教学目标，教育工作者可以在教学过程中更好地调动各方资源，助力校企协同育人。

（二）对教学内容的评价

教学内容的选择直接关系学生知识与技能体系的构建，因而教育工作者需要重视教学内容的评价。对教学内容选择的评价需要重点关注以下几点：

1. 内容的实践性与时代性

在校企协同育人评价体系中，教育工作者应关注教学内容是否具有实践性和时代性。实践性要求教学内容能够紧密结合学生的实际生活和未来职业发展需求，使学生在学习过程中能够理论联系实际，培养自己的实践能力。时代性要求教学内容能够紧跟时代发展的步伐，关注社会热点问题，使学生能够及时了解国家政治、经济、文化等方面的最新动态，提高自己的时代观念和判断能力。实践性与时代性的教学内容有助于提高学生的文化与知识素养，深化其对当代社会发展的理解，培养他们成为具备现代职业道德和社会责任感的高素质人才。

2. 内容的系统性与结构性

在评价校企协同育人教学内容时，教育工作者还需关注其系统性与结构性。系统性要求教学内容具有完整的逻辑体系，各部分内容之间有明确的内在联系。结构性要求教学内容在知识点、教学方法和教学资源等方面有合理的安排，保证教学活动的顺利进行。具备系统性与结构性的教学内容有助于学生更好地理解和掌握专业知识与技能，形成系统的知识体系，提高校企协同育人的质量和效果。

3. 内容的创新性与引导性

在评价校企协同育人教学内容时，教育工作者还应关注教学内容的创新性与引导性。创新性要求教学内容能够充分体现新时代、新思想、新观念，使学生能够在学习过程中培养创新意识和创新能力。引导性要求教学内容能够引领学生树立正确的世界观、人生观和价值观，有助于学生形成正确的认识和判断。具备创新性与引导性的教学内容有助于激发学生的学习兴趣，提高教育活动的吸引力和感染力。

（三）对课程结构的评价

1. 知识层次与广度

评价校企协同育人课程结构时，教育工作者要关注课程涵盖的知识层次与广度。一个合理的课程结构应该保证学生在相应的专业知识与技能学习方面获得全面、系统的知识体系，涵盖基本理论、基本知识、基本技能等方面。同时，课程结构应充分体现专业特点，与学生的专业方向和职业发展需求相结合，针对性地培养学生的职业素养。

2. 课程类型与设置

评价课程结构时，教育工作者还需要关注课程类型与设置。校企协同育人课程结构应包括必修课程、选修课程和实践课程等多种类型，以满足学生在专业知识学习与专业技能训练等方面的不同需求。必修课程主要传授基本理论和基本知识，培养学生的专业核心素养；选修课程主要根据学生兴趣和特长，为其提供更多的选择空间，拓宽学生的知识面；实践课程则侧重培养学生的实践能力和创新意识。合理的课程类型与设置有助于提高教学质量，激发学生的学习兴趣和积极性。

3. 教学进度与教学安排

评价校企协同育人课程结构时，教育工作者还需要关注教学进度与教学安排。合理的教学进度应符合学生的认知规律和接受能力，既不过快，导致学生跟不上；也不过慢，影响学生的学习效果。教学安排应考虑课程的实际需求和学生的学习特点，合理分配课时，使学生能够在有限的时间内，高效地掌握所学知识。同时，教学安排应注意课程之间的关联性，形成系统、完整的知识体系。

4. 课时总量与课时比例

对于课程结构的评价主要关注各类课程之间比例的科学性。这是因为课程结构是否合理直接影响学生的素质结构是否符合核心素养培育的需求。

对于课程结构的评价，除了评价不同课程比例之间的合理性之外，还需要对课时安排的合理性进行评价。对课时安排合理性的评价主要集中在以下两点：

一是对于课时总量合理性的评价。在课时安排中，课时总量的合理性是最为重要的问题。倘若课时总量不合理，那么课程结构的合理性将无从谈起。二是对于具体科目课时安排合理性的评价。不同专业的科目类型与重要性有所不同。这就要求教育工作者应抓住主要矛盾，明确教学的重点，科学设置不同学科的课时量。

（四）对教学实施的评价

1. 对于教学资源的评价

教学资源包括教材、多媒体课件、网络资源等，它们能够为教师和学生提供丰富的教学支持，增强教学的针对性和实效性。教学手段则涉及课堂教学、网络教学、实践教学等多种形式，教师应根据课程特点和学生需求，灵活运用各种教学手段，创新教学方法，提高教学质量。

在教学资源的评价中，对于教材的评价尤其需要重视。教材是知识的载体，是教师开展教学活动最重要的辅助工具，它直接展现着教学内容，影响着教学方法，在教学过程中扮演着十分重要的角色。在校企协同育人中，对于教材的评价，既要重视评价教材的逻辑性、科学性、价值性、丰富性，还要重视评价教材的内容与逻辑是否符合学生全面发展的基本需求，是否符合学生的身心发展规律，是否符合学生的认知规律，以及与其他学科内容之间的协调程度。

2. 对于教学实施条件的评价

教学条件指的是教学活动的硬件与软件支撑条件，其对育人成果具有十分重要的影响。在校企协同育人中，优化对教学实施条件的评价十分重要。新时代的高校育人是基于促进学生全面发展，贯彻落实立德树人理念的，同时应用型人才培养重视学生实践能力的培养与提升，因而高校更加重视学生整体素养的培育与综合素质的提升。这就需要高校为理论与实践教学提供充足的软硬件资源保障。

3. 对于教学实施过程的评价

对于教学实施过程的评价是校企协同育人评价体系的主要组成部分。对于教学过程的评价主要集中在教学模式的构建、教学方法的选用与教学监控等方面。若想取得良好育人效果，教育工作者必须在教学过程中紧紧围绕育人目标、坚决贯彻育人理念、坚定执行育人方案，同时灵活采用教学方法，重视学生个性化发展，因材施教，全面培养和提升学生的综合素质。

（五）对教学结果的评价

1. 评价方法

（1）过程性评价与结果性评价相结合。对教学结果的评价虽然重视过程性评价与发展性评价，但并不等于不重视结果性评价。对教育结果的评价应立足育人成果，通过参照各项教育指标的评测情况对整个育人过程的成效进行总结性评价，以确定当前的育人模式是否存在不足。

（2）定性评价与定量评价相结合。定性评价与定量评价各有自身的优点。教育工作者要改变以往以定量评价与结果性评价为主要依托的评价模式，创新评价方法，重视形成性评价与结果性评价相结合、定性评价与定量评价相结合的现代化教学评价机制。

2. 评价内容

（1）学生思想政治素质的提升。思想政治教育在高校育人中占据着十分重要的地位。评价校企协同育人教学结果时，教育工作者要关注学生思想政治素质的提升。这包括学生对社会主义核心价值观、马克思主义基本理论、中国特色社会主义理论体系等方面的理解和掌握程度，以及他们的世界观、人生观、价值观的形成和发展。教育工作者评价学生思想政治素质的提升，可以通过测试、问卷调查、面试等多种方式进行。此外，学生在参加社会实践活动、志愿服务等方面的表现也是衡量其思想政治素质提升的重要依据。关注学生思想政治素质的提升有助于促进校企协同育人教学质量的提高，培养具备坚定理想信念和正确价值取向的人才。

（2）学生职业素养和能力的培养。应用型人才培养重视学生职业能力的培养与提升，因而评价校企协同育人教学结果时，教育工作者还需要关注学生职业素养和能力的培养。职业素养主要包括职业道德、职业心理素质、团队协作能力、创新意识等方面。教育工作者评价学生职业素养和能力的培养效果，可以通过课程成绩、实践成果、教师评价等多种途径进行。同时，学生在实习、实训、竞赛等方面的表现也是评价其职业素养和能力培养成果的重要参考。关注学生职业素养和能力的培养，有利于培养更加符合时代需求的应用型人才，培养具备现代职业道德和社会责任感的高素质人才。

（3）学生综合素质的全面发展。评价校企协同育人教学效果时，教育工作者还需要关注学生的综合素质。综合素质包括学生的心理素质、人际交往能力、自主学习能力、创新创业能力等方面。教育工作者评价学生的综合素质，可以通过综合测评、教师评价、同学评价等多种方式进行。此外，学生在课外活动、社会实践、竞赛等方面的参与和成果也是衡量其综合素质的重要指标。关注学生的综合素质，有助于提高校企协同育人的培养质量，使学生在毕业后能够更好地适应社会发展的需求，成为具有综合素质的现代职业人才。

（六）对教育者的评价

现代化教学评价理念不仅重视对学习者的评价，还重视对教育工作者的评价。对教育者的评价一般指的是对教师的评价。对教师的评价主要集中在以下几个方面：

1. 教师专业素养评价

教师专业素养是教师素质最核心的组成部分。教师只有具备相对完善的专业知识结构，才能保证教学的质量，才能准确进行各模块知识的传授，才能指导学生进行实践训练，进而树立教师的权威，并保障教学活动的顺利推进。

2. 教师教学能力评价

一名优秀的教师，不仅需要具备相对完善的专业知识结构，还要具有丰富的教育学知识与较高的实践教学能力。只有这样，教师才能在教学实践中表现得游刃有余，更好地开展教学活动。

3. 教师综合素质评价

除了专业素养与教学能力，教师的综合素质还包括思想道德素质、心理品质、身体素质等。在教学实践之中，教师不仅发挥着知识传输的作用，还是学生的榜样，其个人综合素养也会对学生的学习效果产生巨大的影响。因此，对教师的评价应关注这一部分的内容。

第五节　打造高水平实践基地

一、校企协同育人基地概述

校企协同育人基地是校企协同育人的优秀载体，是现代教学理念与应用型人才培养需求相结合的产物。以校企协同育人基地为依托的人才培养方式也是高校教学方式的重大创新。可以说，校企协同育人基地既是一个教育平台，也是一种体现现代教育理念的教学方式。

安排学生到企业进行社会实践是目前国内高校培养模式的必不可少的一个环节，这对学生实践能力的提升和职业角色的转变发挥着重要的作用。

目前，高校的校企合作多采用企业支持学校的形式，包括校外实训、订单式教育等。虽然这些校企合作模式在培养符合地方经济和社会发展需要的人才上起到一定的作用，但其发挥的作用仍有一定的局限性。现实中的企业多处于一方面急需能够直接上岗的高级应用型人才，另一方面又缺乏接受高校学生实习的积极性的矛盾中。

校企合作建立教育基地这种校企合作模式要求企业提供设施设备、培训师资等资源进行支持，学生则通过校企协同育人基地，将理论应用于实践，提升自身的实践能力。也就是说，校企之间的合作不能停留在项目上，而是要落实在基地的建设上，以基地为纽带将校企双方紧密连接在一起。

二、校企协同育人基地建设的总目标

实践教育基地的建设是校企深入开展合作的重要途径。实践教育基地的建立应以深化教育教学改革，促进教学与科研的紧密结合为目标，使得学校和企业紧密合作，并能有效提高大学生的实践能力、创新创业能力、解决实际问题能力。

三、校企协同育人基地建设的主要内容

校企协同育人基地作为新型校企协同人才培养模式，其内容涉及应用型人才培养的各个方面。从教学模式探索到课程体系建设，从人才培养到教师培训，从平台建设到产学研协同发展，都是校企协同育人基地建设的重要内容。校企协同育人基地建设的主要内容，如图 5-6 所示。

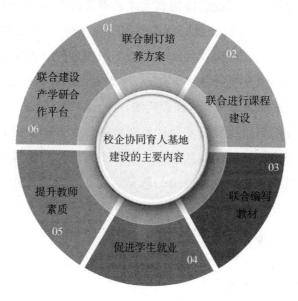

图 5-6　校企协同育人基地建设的主要内容

（一）联合制订培养方案

培养方案是人才培养的纲要，对于人才培养的整个进程具有指导性作用。校企协同育人基地需要校企双方根据应用型人才培养市场的发展需求，以及学生个人发展需求，综合考量区域发展现状、教学和实训条件、师资力量等因素，共同制订应用型人才培养方案。

（二）联合进行课程建设

1. 突出综合实践教学理念

在应用型人才培养的综合实践教学当中，校企双方不应该将视角仅仅放在实践技能的训练上。校企协同育人基地与校企实训合作的不同点之一，就是强调对学生会综合能力的培养。

在校企协同育人基地的应用型人才培养实践教学过程中，校企双方应该有效利用相关资源，并充分发挥教师的作用，灵活运用教学方法，在开展实践教学的时候重视加深学生对知识的理解，帮助学生在综合实践的过程中更好地理解相关专业知识，掌握专业的关键技能。

2. 开发高质量的综合实践课程资源

信息时代的到来为综合实践课程资源的积累提供了更大的便利。通过网络虚拟平台，教师的实践指导、学生小组讨论和实践成果共享都可以在网络环境中进行。这种虚拟的教学实践环境成为一种高质量的实践课程资源，有利于引导学生在理解和合作的情感状态下开展综合实践活动。同时，专业实践教学内容和实践活动仍然是综合实践课程资源建设的重要组成部分。

3. 构建综合课程体系

在综合实践课程的设计中，校企双方要注重应用型人才的培养，建立紧跟学科发展的前沿，满足社会、学术和实践需要的实用课程体系。这种课程体系应以理论强化、技术应用为核心，以创新实践为导向，努力提高学生的综合技能。

（三）联合编写教材

在校企合作教育基地的建设中，应用型人才培养教材的编写需要学校与企业共同完成。企业处在应用型人才培养行业的一线，更加了解应用型人才培养行业的实际发展情况，将企业的生产实践和管理方式融入教材，可为学生提供大量的实践案例，让学生更加直观地了解相关的理论知识。

（四）促进学生就业

校企协同育人基地的建设可以为学生的就业提供帮助。校企协同育人基地重视对学生实践能力的培养和实操技巧的训练，使学生能够在学习阶段掌握实践技能。同时，企业可以为学生提供岗位实训机会，使学生能够参与应用型人才培养的实际工作，切身感受应用型人才培养的实际工作内容与工作环境，从而在毕业后顺利地从课堂走向工作岗位。企业还可以为学生提供工作机会，使学生能够在学习阶段结束后直接进入企业工作。

（五）提升教师素质

师资队伍是学校保障教学质量的核心要素，是提升人才培养水平的基础，因而教师的培训也是校企合作的重要环节。校企协同育人基地不仅仅局限于对学生进行培养，也可以对教师进行培训，完善教师的实践知识，提升教师的教学能力。实践教育基地的建设为教师的综合素质提升提供了良好的环境支持，学校可以组织教师进入企业参与培训，提升教师的实践能力，促使教师将最新的应用型人才培养发展内容带入课堂，提高应用型人才培养的效率。

（六）联合建设产学研合作平台

学生在学校课堂上学习到的只是他人在实践中总结出的间接经验，与在实际工作中形成的直接经验存在一定的差别，仅依靠学校进行应用型人才培养容易造成理论与实践相分离，教学、实践、科研相分离，因而学校与企业需要共同搭建产学研合作教育平台。

校企协同育人基地的建设能够促进产学研合作平台的发展，为人才培养搭建适合的教育平台，使生产、教学、科研有机结合在一起，拓宽应用型人才培养教师的视野，提升教师的教学能力与科研水平，同时帮助企业获得更多技术与人才支持，提升市场竞争力。

第六章　健全产教融合背景下校企协同育人保障体系

第一节　完善政策制度保障体系

一、政策制度保障体系概述

任何实践的开展都离不开环境，人才培养作为关系国家未来发展的重要的实践活动更是如此。环境有很多种，包括政策环境、文化环境、教育环境、社会环境、家庭环境等。不同类型的环境既有相互重合的部分，也有自身特有的内容。在诸多环境因素中，政策环境对于校企协同育人的影响最为重要，这也是完善政策制度保障体系的重要意义之一。

政策环境有两种含义：一是政策制定者进行决策时依据的各种外部的情况、条件，以及影响整个社会发展及其内部子系统发展的各种因素的聚合，即政策制定所处的环境；二是政策带来的环境，即政策的制定与实施对于不同类型实践活动的影响。健全政策制度保障指的是第二种解释，即国家相关政策对产教融合背景下校企协同育人的影响。政策制度保障体系就是从上层制度建设的各个层面着手，全面优化校企协同育人的政策环境，保证政策的有效执行与制度的科学设计。

健全产教融合背景下校企协同育人的政策制度保障体系，政府与教育部门要充分发挥自身的政策制定职引领作用，利用自身资源与信息的优势，立足整体，放眼全局，科学制定相关政策与教育教学方案。同时，政策要面向教育活动的各个组成要素及各环节，确保政策的全面性。

二、完善政策制度保障体系的必要性

产教融合理念指导下的校企协同育人涉及众多参与主体，无论是企业还是学校，在落实产教融合的过程中都需要一定的政策支持。

从企业的层面来看，企业以提升经济效益为目标，产教融合人才培养从长期来看能够促进企业的优化升级，但是短期内难以为企业带来显著的经济效益，而且企业会在校企合作育人的过程中投入大量的人力、物力，容易造成企业推进产教融合的积极性降低。这就需要相关部门为参与校企协同育人的企业提供相应的政策支持与保障，使企业能够通过校企合作实现自身的发展，促使校企合作实现多主体共赢的发展目标。

从高校的层面来看，由于产教融合人才培养的模式与传统的高校人才培养方式之间存在较大的差异，部分学校对产教融合人才培养模式仍然存有一定的抵触情绪，部分教育工作者认为这样的产教融合人才培养方式不利于学生理论知识的学习。这就需要政府充分发挥自身的作用，为企业与学校提供政策支持和资金保障，提升企业与学校推进产教融合的积极性，促进产教融合的发展，使人才培养实现预期的目标。

三、完善政策制度保障体系的路径

（一）制定明确的指导政策

校企协同育人在近些年已经成为应用型人才培养的重要途径之一，尽管很多高校已经开始尝试与企业进行多种形式的合作，但在实践中，由于缺乏明确的指导政策，许多合作仍然面临目标不明确、责任不清晰等问题。因此，制定明确的指导政策是健全和完善校企协同育人体系的首要步骤。

首先，指导政策应明确设定校企合作的目标。合作的目标应从大环境、区域需求、行业发展等角度出发，旨在为区域经济社会发展提供高素质的应用型人才。具体的目标包括培养具有一定专业技能的人才，提高毕业生的就业率，提高学生的创新和创业能力，等等。有了明确的目标，各方就可以结合目标进行有效的资源协调和整合，共同推动合作的实施。

其次，政策指导需要明确校企合作的期望。期望应包括合作期待达到的具体效果，以及每一方在合作过程中应承担的风险和得到的收益。这需要政府和教育部门深入调研，了解学校和企业的需求和期待，从而预判合理的期望，调动各方的积极性。

最后，政策指导还需要对学校和企业的责任和义务加以明确。学校的责任包括提供高质量的教育、为学生提供实践机会、与企业进行有效的沟通和协调等。企业的责任包括提供实习或就业机会、参与课程的设计和评价、为学生提供实践导向的学习环境等。双方的责任和义务应该在合作协议中明确规定，以确保各方能够遵守承诺，实现合作的目标，否则容易导致权责混乱。

（二）提供足够的资金支持

资金支持作为政策保障体系的重要组成部分，是推动校企协同育人深入发展的关键因素。从现实情况来看，由于学校和企业在资源、目标、运营方式等方面存在差异，校企合作面临诸多挑战，其中资金问题是最为突出的一项。因此，政府的资金支持至关重要。

一方面，政府可以通过直接的资金补贴来鼓励校企合作。补贴可以用于资助合作项目的启动和运行，包括设备采购、场地租赁、人员培训等方面。具体而言，政府可以设立专门的校企合作基金，通过公开透明的方式，对符合要求的合作项目进行资助。另外，政府也可以为校企合作设置奖励基金，对合作成果突出的项目给予奖励，以此激励更多的学校和企业参与合作。另一方面，政府可以通过税收优惠等方式来鼓励校企合作。比如，政府可以为参与合作的企业实施税收减免，降低其经营成本，增强其合作意愿。政府也可以对投入合作的学校给予税收优惠，缓解其经费压力，提高其合作能力。政府还可以通过设立投资税收抵扣等政策，引导社会资本向校企合作倾斜，从而集聚更多的资源用于合作。

在提供资金支持时，政府也需要加强对资金使用的监管，确保资金真正用于校企合作，达到预期的效果。这需要政府建立健全的资金管理和审计制度，定期对资金的使用进行审核和评估，对资金使用不当的情况进行及时的纠正和处理。另外，政府在提供资金支持的同时，应鼓励学校和企业自主筹措资金，形成政府、学校和企业三方共同投入的格局，实现资源的优化配置。政府的资金支持并不意味着忽视学校和企业的责任，而是激发其主动性，引导其积极参与合作。

（三）设定科学的监管机制

在推动校企协同育人的过程中，监管机制的建立是一个不容忽视的环节。恰当的监管机制可以保障校企合作的质量和效果，规避潜在的风险和问题，提升合作的透明度和公信力。

定期的审查和评估是监管机制的重要组成部分。政府或教育主管部门可以设立专门的审查和评估机制，定期对校企合作的实施情况进行审查，评估合作的效果。审查和评估可以从合作的目标设定、资源配置、责任分配、工作推进、成果产出等多个角度进行，以期全面了解合作的运行情况，及时发现和解决问题。在进行审查和评估时，政府应注意方法的科学性和公正性，避免主观性和片面性。比如，政府可以组建由学校、企业、政府、专家、学生等多方代表参与的审查和评估小组，确保评估结果的公正。另外，政府也可以引入第三方评估机构，提升评估的专业性和公正性。

第二节　提升师资队伍建设水平

一、教师在高校教育中扮演的角色

（一）知识传授者

教师在校企协同育人活动中扮演着重要的角色。他们是课程的引导者，是实践训练的监督者，因此，教师的专业能力对校企协同育人的效果有直接影响。尽管校企协同育人的理论与实践研究仍处于不断深化和拓展之中，包括人才培养模式、教学体系、知识体系以及教学资源等各个环节，都在持续探索与创新中，且学生在教育活动中的主体地位开始受到越来越多的重视，但教师的角色始终至关重要。在新时代校企协同育人过程之中，学生在自主学习和实践的过程中可能遇到更多挑战，这就需要教师提供必要的引导和支持。

教师在此过程中需要充分履行其教学引导、知识传授、疑难解答的职责。在校企协同育人过程中，学生可能会遇到各种复杂的问题和困难，常常需要从教师那里寻求指导和帮助。同样，由于应用型人才培养强调学生实践能力的培养和提升，而学生可能缺乏相关的经验和技能，这就需要教育工作者通过有效的教学方法，帮助他们掌握具体的操作方法和技能，加深对理论知识的理解，提升自身的实践能力。

（二）教学管理者

在校企协同育人实践中，教师不只是知识的传播者，还是教学活动的组织者和管理者，其管理职能的发挥至关重要。由于这种教学模式比传统学科更具开放性和实践性，更侧重学生的实际能力和应用思维的培养，这一教育形式的自由度和能力导向性使得校企协同育人的组织方式和教学策略在实施过程中展现出多元化的发展路径。

知识传授与技能训练在校企协同育人的过程中固然重要，但若缺乏科学的教育管理，就会在很大程度上影响教学的效果，因而教学管理的重要性不言而喻。教育工作者作为教学活动的组织者和管理者，有责任承担校企协同育人的教学管理工作，保持教学活动的秩序，确保教学活动按照预定的计划进行，以达到预期的人才培养目标。

（三）价值引领者

正确的价值观与思想道德体系对于学生的成长与发展来说十分重要。在新时代背景下，校企协同育人的目标是培养具备专业技能、良好道德修养和社会责任感的高素质应用型人才。在这个过程中，教师需要关注学生价值观的培育和塑造，引导学生确立正确的世界观、人生观和价值观。

在校企协同育人中，教师通过对学生进行社会主义核心价值观的教育，强调责任感、专业精神、道德诚信等理念，助力学生确立正确的荣辱观。同样，教师自身要通过行动践行社会主义核心价值观，成为学生心中的道德楷模，影响学生的价值观。在实际教育过程中，教师肩负教导学生的任务。在课堂教学中，教师需深入讲解社会主义核心价值观，辅助学生理解和掌握这些价值观的内涵和意义。同时，教师要培养学生具备责任感、专业精神、诚信等品格，使得学生在掌握专业技能的同时，形成正确的价值观和道德素养。

（四）教学理论研究者

在我国的高等教育体系中，教师是教育科研的重要主体，其不仅承担教学任务，也需要开展科研工作。具体到校企协同育人中，相比于传统的教学模式，这种教育形式的理论研究还处于起步阶段，尚需进一步探索和发展。目前，关于这一领域的理论研究还较为薄弱，而其作为引领实践的理论基础，有助于指导高等教育实践的进一步发展。由此可见，教育理论的研究对于校企协同育人来说非常重要。

为了使校企协同育人产生更好的教学效果，高等教育机构和教育管理部门需要引导和鼓励教师更加深入地参与校企协同育人的理论研究。作为一线教学者，教师拥有丰富的实践教学经验，对教学的开展情况和存在的问题有深入了解。因此，他们在这一理论研究领域具有发言权。

二、校企协同育人中教师的专业发展

（一）教师专业化与教师专业发展

探讨教师专业发展的内涵，先要明确教师专业化与教师专业发展的含义，以及两者的关系。

教师专业化是教师职业专业化的过程。从广义上来讲，它有两个层面的含义。一是教师作为一种职业，其专业化程度不断提升，对于从业人员素质的要求越发严格。二是作为从业者的教师群体不断丰富自身专业知识、提升自身教学能力和技巧的自我提升过程。从狭义上来讲，教师专业化更多的是从社会学角度考虑问题，更加强调作为一个整体的教师这一职业的专业性提升过程。高等教育是层次较高的教育形式，国家对其师资队伍的专业化发展水平十分重视。近年来，政府和社会给予高校师资队伍建设大量的支持，意在促进师资队伍专业化水平的提升。

教师行业的专业性在世界各国已经得到普遍的认同。联合国教科文组织在《关于教师地位的建议》中明确提出教育工作是一种专业性强的工作，并于 1996 年提出了一系列推进教师专业化发展的建议，包括构建科学的职业发展体系、创设适当的行业评价体系、提升教师职业的收入与社会地位等。但从实际情况看，教师专业化发展仍存在一定的不足，需要进一步完善和提升。

学术界关于教师专业化与教师专业发展之间的关系的讨论主要存在三种不同的观点。

第一，教师专业化的过程等同教师专业发展。

第二，教师专业化与教师专业发展的主体不同。教师专业化的主体是教师职业，教师专业化指的是教师职业不断完善，专业水平不断提升的过程。教师专业发展的主体则是教师，指的是教师自我提升的过程。

第三，教师专业化包含教师专业发展。教师专业化包括教师职业和教师个体两个主体，其同时具有实现职业整体发展和从业者个体进步两个层面的含义。

综合来看，广义上的教师专业化与教师专业发展之间并没有明确的界限，"发展"即"变化"，教师专业化与教师专业发展之间存在诸多相通之处，均指提升教师专业性的过程。

从狭义上来看，教师专业化与教师专业发展是两个不同的概念。双方强调的主体不同，教师专业化更加强调整体，即教师这个职业，而教师专业发展更加强调作为行业从业者的教师个体的成长过程。本书研究的产教融合背景下校企协同育人教师专业化发展，就是充分结合教师专业化发展的这两层含义，既重视教师自身专业化发展水平的提升，又重视高校教师队伍整体的专业化建设。

（二）校企协同育人中教师专业发展的内容指向

1.完善知识与技能结构

在校企协同育人的背景下，教师的专业发展不再仅依赖自身的学识积累，更需要对应用型人才培养的目标和要求有深入的理解，全面改善和完善自身的知识与技能结构。这是因为，教师在知识传递、技能培养以及价值观引导等方面起到关键作用，对于教师而言，如何更新知识、提升技能并用于实际教育教学，这是教师专业发展的重要课题。

教师的知识结构在校企协同育人中显得尤为重要。在应用型人才培养中，教师教授的知识不再局限于理论知识，更要扩展到实践知识。这就要求教师具备扎实的专业基础知识，同时对实际工作中的专业应用和技术趋势有深入的了解。只有这样，教师才能准确地把握行业动态，有效地把握教育改革的方向，并将理论与实践结合，使教学内容更具实用性。

产教融合背景下的校企合作更加重视教师对实践技能的掌握，这里的实践技能指的是教师教授的专业涉及的技能。因为在校企协同育人中，教师承担着实践教学的重要任务，倘若自身不具备过硬的实践技能与丰富的实践经验，就难以承担起培养高素质应用型人才的任务。

2. 提升实践教学能力

（1）深化对当代教育方法和理念的认识。在校企协同育人模式下，教师需积极了解和掌握当代教育教学的理念与方法。实际场景教学、项目式学习以及探究式教学等在应用型人才培养中具有重要价值。教师应引导学生参与学习，培育他们的创新精神、团队协作和问题解决能力。为此，教师可以参与相关的培训和研讨会，交流经验并积极关注教育领域的新研究成果。

（2）利用创新的教学资源和工具。教师在校企协同育人环境下应善于使用现代教育技术和网络资源，以丰富教学方法和扩大教学资源的使用范围。PPT、视频、音频等多媒体教学手段可以增强课程的互动性并激发学生的学习兴趣。为了充分利用现代信息技术，教师需要提升自身的数字素养，学习使用各种教学工具，利用各种平台。

（3）提高课程设计和教学改革的能力。在校企协同育人过程中，教师需要积极参与课程建设和教学改革，如教材编写、课程设计以及教学方法的创新。教师需要充分理解应用型人才培养的需求，设计出适应这种特色的课程体系。在教学改革方面，教师应对新的教学方法持开放态度，关注学生的个体差异，最大化地提升教学质量。

（4）提升教育评价和反馈能力。在应用型人才培养中，教师需要关注学生的学习进程和学习效果，熟练运用教育评价的方法，如形成性评价和综合性评价。通过全面、客观、公正的评价，教师能够为学生的学习提供有效反馈，推动学生全面发展。为了提升教育评价和反馈能力，教师需要对评价理论和方法有深入的了解，关注评价的公正性和有效性，为学生提供个性化的评价和指导。

3. 保持良好的职业道德

教师对于职业道德的坚守是校企协同育人能够取得理想效果的关键。良好的职业道德的核心就是敬业。教师须致力于提升自身的专业水平、完善教学策略，以尽量强化教学的效果。在教学之外，教师应积极寻找教学补充材料以丰富课堂内容，激发学生的学习兴趣。对教学不足的反思以及对教育实践的持续优化，也是推动教师职业发展的重要驱动力。

教师要热爱教育事业，并愿意为此付出巨大的努力，理解青少年是社会的未来，他们的素质直接影响国家的发展。教师还应该对学生抱有热忱，因为学生的成长是教师价值的另一种体现。教师应以公正、平等的态度对待每一名学生，尊重他们的个性和背景，并提供充满关爱的指导，以维持和谐的师生关系。

教师要对自身专业有认同感，具专业发展意识。这有助于教师明确自身的职业角色，以专业的标准来自我要求、自我管理、自我约束和自我规划。具有专业发展意识的教师会自视为职业发展的主体，积极寻求自身发展的动力和途径。教师还需要具备面对并克服困难的勇气和决心。在应用型人才培养的过程中，学生和教师都可能遇到各种挑战，这就要求教师拥有坚定的意志，在教学实践中寻求解决问题的方法。优秀的教师应该在教学过程中持续发现并解决问题，通过不断学习和研究提高自己的教学水平。

教师还要具备高尚的品格和正确的教育观。教师不仅仅是知识的传播者，更是学生的人生指导者。教师可以通过知识的传播，帮助学生对自身的生涯发展有更清晰和个性化的规划。作为学生的榜样，教师承担着重要的示范职责。因此，教师必须是具有高尚道德的人，如此才能教导学生成为负责任、有能力的公民。

三、校企协同育人师资队伍建设的路径

（一）打造"双师型"教师团队

1."双师型"教师的内涵

"双师型"教师是职业教育中一种特定的教师类型，诞生于我国职业教育的实践之中。随着我国职业教育的不断发展，学校和企业对实践环节教学质量的要求越来越高。教师作为教学活动的主导者，在人才培养的过程中发挥着重要的作用。因此，提升教师的专业素质，优化教师队伍的结构，成为职业人才培养最重要的任务之一。"双师型"教师的概念就是在这种背景下诞生的。

目前，学界对于"双师型"教师的概念尚无统一的定论。综合而言，"双师型"教师应该具备以下几个方面的素质与能力：

第一，"双师型"教师应该具备较强的教学能力。"双师型"教师的本质仍然是教师，教书育人是其核心职责，因而"双师型"教师必须具备职业素养。

第二，"双师型"教师应该具备与讲授专业相对应的专业能力与实践能力。"双师型"教师与传统教师最大的不同就是具备较强的专业素养与职业能力，因而"双师型"教师能够更好地胜任实践技能教学任务。

第三，"双师型"教师应能有效衔接学校与社会双方教育资源，具备较强的交往、组织和协调能力。

第四，"双师型"教师应该具备良好的管理能力。"双师型"教师既要具备良好的班级管理与教学管理能力，又要具备一定的企业、行业管理能力。

第五，"双师型"教师应该具备较强的适应能力与创新能力。"双师型"教师既需要具备针对时代发展和行业发展的适应力，又应具备较强的创新思维与创新能力，能够组织和指导学生开展创造性活动。

2. "双师型"教师团队的内涵

鉴于"双师型"教师个体的力量有限，高校若想提升人才培养水平，为行业发展源源不断地输送高素质技能型人才，就需要打造一支高素质的"双师型"教师团队。

"双师型"教师团队有两种基本形式：一种是全部由"双师型"教师组成的教学队伍。这种教师团队的成员普遍具有较强的教学能力和职业素养，适合技能型人才的培养，但这种教师团队的教师培养周期长，组建成本高，是一种相对理想的职业教育师资团队。对于部分职业院校来说，组建这样一支高素质"双师型"教师团队有一定的难度。另一种是在"双师型"教师团队中，既有专职的教师，也有兼职的教师，其中兼职教师有的来自高校，有的来自企业，有的则来自科研单位或行业协会。专职教师主要负责理论知识教学，兼职教师则主要负责实践教学。团队中的教师各司其职，相互配合完成教学任务。高校应该从自身条件与教学实践出发，组建适合自身的"双师型"教师团队，优化师资队伍，提升技能型人才培养水平。

3. "双师型"教师团队建设路径

"双师型"教师团队建设是我国职业教育发展的重要路径。在应用型人才培养过程中，实践经验丰富的"双师型"教师可以对学生的理论学习与实践训练进行指导。构建"双师型"教师团队主要从以下三个方面进行：

（1）师资培训与引进人才相结合。"双师型"教师队伍的建设途径有很多种，其中最为常见的有培训现有教师、引进"双师型"人才以及聘请兼职教师等。

"双师型"人才引入策略是众多高校构建"双师型"教育团队的主流途径。该策略具有一系列显著优点。首先，它能够迅速填补学校"双师型"教师队伍的空缺，帮助学校在短期内构建一支具有高素质的"双师型"教师团队。其次，它有助于节省学校在"双师型"教师培养上的时间成本，并可以在学校"双师型"教师的培养周期内进行优化补充，从而实现师资队伍的平稳优化。但这种"双师型"教师团队的构建策略也存在一定的局限性。首先，引入的人才可能对高校的实际教学情况不够了解，可能导致教师在适应教学实践的过程中出现困难。其次，人才引入策略受到众多外部因素的影响，如市场环境、政策限制等，这使得平衡各个专业的教师资源和确保教师资源的充足变得更为困难。因此，高校在引入"双师型"人才时需要审慎考虑，以实现人才培养的最优效果。

与引进"双师型"人才的方式类似，聘请兼职教师的方式同样可以有效提升高校师资队伍的整体水平，但当前"双师型"教师已经成为职业教育教师专业发展的必然趋势。应用型人才培养需要大量的"双师型"教师，但兼职教师的数量毕竟有限，难以满足高校"双师型"教师建设的需求。因此，对高校现有的教师进行培训成为高校"双师型"教师队伍建设的主要途径。

校本培训是教师培训的基本路径。校本培训指的是学校出于教学课程安排与教学总体规划的需要，组织实施的旨在全面提升教师素质、满足教师发展需求的校内培训活动。它包括以下四个方面的内容：第一，校本培训的目的是达成学校的教学要求；第二，校本培训由学校组织发起，其实施主体是学校，学校拥有充分的自主权；第三，校本培训在满足学校发展需要的同时，要满足教师的自我发展需求；第四，校本培训的组织地点以学校为最佳。校本培训是学校根据自身发展的需要，自主制定培训目标与培训计划，以学校的具体教学实践为阵地，自主开展的旨在提升教学质量的教师培训活动。校本培训是由学校发起的，与教育教学和科研活动密切相关的，旨在提升教师教学能力的教育活动形式。

校本培训与传统的教育培训和职业技能培训不同，具有诸多优点，主要体现在以下四个方面：第一，校本培训从学校和教师的发展需要出发，对具体的教学实践具有良好的指导作用。第二，校本培训中学校和教师的自主性强，可以灵活选择适合自身的培训方式与内容。第三，在校本培训中，教师不仅是学习者，还是培训方案的制定者和培训的参与者。培训的方式比较灵活，可以提升教师参与培训的积极性，充分发挥教师的主观能动性，更易收到良好的培训效果。第四，校本培训充分利用校内外各种资源，更易实现培训目标。

科学推进校本培训，需要关注以下两点：第一，充分挖掘本校资源。校本培训的主要组织方式有两种，分别是校内培训与学校之间的培训交流，其中校内培训立足本校教学实际，可以更加有效地帮助教师将理论联系实践。本校资源包括学校教学的历史经验、本校骨干教师的教学经验以及本校教师的教学实践总结等。充分挖掘本校资源，让教师在熟悉的环境中互相交流学习，有利于培训的内容更好地融入实践。第二，创新校本培训的方式。传统的校本培训方式以线下组织交流培训活动为主，通过教师之间的交流与分享获取教学经验，探索教学方法。而在信息技术十分普及且不断发展完善的今天，充分利用新的技术展开校本培训成为高校教师专业发展的重要需求。信息技术并没有改变校本培训的基本形式，而是改变了校本培训的互动和交流方式。信息技术在校本培训中的应用具有鲜明的特点，即高效、便利、资源更新快。通过多种交流平台，教师可以在线上进行即时互动和交流；通过对各种教学资源的合理运用，教师们可以持续、及时地获取丰富的教学资源和教学信息，并将其作为自己开展教学活动的重要参考。教师还可以通过网络建立交流群或交流组，以群或组为单位进行教学研修，探讨和解决教学过程中遇到的问题，总结教学经验。在这个过程中，教师可以自由选择培训、交流的时间和方式，根据自身的教学实践及时参与线上研修与交流，使校本培训不再受时间与空间的制约，持续保持活力。

另外，教师培养也要抓重点、树典型、立标杆。学校要对骨干教师有针对性地进行重点培养，在对"双师型"教师队伍进行全面优化的同时，要有重点地培养教师队伍中的一些中青年骨干教师，提升其教学能力与专业素养，使其成为"双师型"教师发展的典范与标杆，在教学实践中发挥带头作用。

（2）坚持"产学研"结合的办学理念。高校的办学理念对于师资队伍建设有着重要的影响。"双师型"教师队伍的建设路径有很多，但无论是引进"双师型"人才、聘请兼职教授还是培训现有教师，都需要学校坚持"产学研"结合的办学理念，只有这样，才能使"双师型"教师团队的建设符合技能型人才培养的需求。

"双师型"教师团队建设需要实现团队中教师知识与能力结构、教学方式以及教学理念的转变。教师的知识结构需要从知识型向知识与实践结合型转变，教师的教学方式需要从课堂理论教学转向实践教学与实践训练，教师的教学理念要从提升学生成绩向培养高素质应用型人才转变。而实现这些转变的重要基础条件，就是学校坚持"产学研"结合的办学理念，创新"产学研"办学的机制，为"双师型"教师队伍的建设提供良好的环境。

（3）建立健全规范与保障制度。组建"双师型"教师队伍，不仅要重视教师队伍组建的过程，还要重视教师队伍组建的各项支持与保障措施。比如，建立健全"双师型"教师的评价制度与激励制度就是"双师型"教师队伍建设的重要支持和保障措施。建立健全评价与激励制度既可以对师资队伍的建设起到良好的规范作用，又能提升教师队伍的积极性，引导教师不断完善自我，实现更好的专业发展。

（二）健全教师继续教育制度

高校教师应该树立终身学习观念，既是"教师"，又是"学生"。教师通过学习不断提升自身素质，既是教师实现专业发展的要求，也是校企协同育人水平提升的需要。

信息时代的显著特点之一就是信息和知识的更新速度加快，新的教学理念与新的教学方式不断产生、更新，加之应用型人才培养的内容与实践的发展密不可分，教师在学校中学到的知识，不可避免地会面临过时、老化等问题。因此，教师必须始终保持学习的心态，不能满足于现有的知识体系，不能禁锢在固有的教学模式之中，要勇于探索和学习新的教学理念。

教师的学习途径总体分为两个方面：一是自我学习与提升。这需要教师拥有充分的自我发展意识。二是在教师继续教育制度下的一系列教师培训活动。教师继续教育制度需要整合各类教育和社会资源，相关教育部门、综合类大学、师范性院校、中学以及教育团体或组织，需要相互沟通、相互协调、相互配合，实现信息与资源共享、教育与学习联动，共同努力，提升教师专业发展水平。

作为教师的工作单位，学校应该重视教师的继续教育工作，充分发挥自身的教育资源整合作用，合理制订教师培训计划，并将其规范化、制度化，确保每位教师享有平等的培训机会。部分学校存在不重视教师继续教育的现象，这是错误的。首先，时代是不断变化发展的，教育工作也应紧跟时代的步伐，不断变革与创新。其次，教师接受继续教育的目的是不断提升教师的专业素质，以适应中国教育的不断发展。教师接受继续教育可以学习和掌握最新的教育理念与教育方法，继而与实际教学实践相结合，并将其运用到校企协同育人的教学活动当中，如此便能有效提升教学效率。

教学思维与教学模式的固化会导致教学实践停滞不前，无法为教学活动注入新鲜的血液，逐渐导致教学落后于时代发展。这种情况对于教师来说亦是如此，学习如逆水行舟，不进则退，教师只有不断更新自身的知识体系，才能不断进步，不被时代淘汰。

（三）优化师范教育

师范教育是培养高质量教师资源的关键途径。它扮演着对教师进行专业技能训练、职业道德培育和教育理念熏陶的角色，为社会供给大批高素质、具有专业素养的教师。然而，随着时代的发展，师范教育面临改革和优化的问题。特别是在产教融合理念指导下，人才培养模式产生了巨大的变化，校企协同育人的广泛开展对于教师的个人素养提出了新的要求。高校必须根据教育发展实践有针对性地优化师范教育，如此才能保证为教育的发展提供高素质师资。

师范教育应注重培养教师的学科素养。教师的学科素养不仅体现在掌握学科知识的深度和广度上，还体现在其理解、运用和创新学科知识的能力上。师范教育应改变以往过分强调知识传授的倾向，更加注重启发性、探究性学习的方法和路径，引导学生独立思考、主动探究，培养其深入理解和灵活运用学科知识的能力。具体到校企协同育人中，由于其主要针对的是应用型人才培养，因而师范教育还要重视教师相应的实践技能培养与训练，保证培养出来的教育工作者兼具扎实的理论知识基础与实践技能素养。

师范教育还应坚持德才兼修的原则，全面提升教师的职业素养。教师职业素养是教师专业发展的重要组成部分，包括教育道德、职业精神、职业行为等方面的内容。师范教育应以德育为先，通过形式和内容的创新，加大对学生职业素养培养的力度，使之树立正确的价值观，形成良好的教育行为习惯，在未来的教学实践中始终坚守教育道德的底线。

师范教育还应强化实践教学环节，提升教师的教学能力。实践是检验真理的唯一标准，也是提升教师教学能力的重要途径。师范教育应充分利用校内外实习、实践基地，安排丰富多样的实践教学活动，如教学观摩、教学实习、教研活动等，引导学生将理论知识和实践经验相结合，通过实践锻炼提升教学能力。

第三节　创新学生组织管理模式

一、产教融合背景下学生管理的特点

（一）管理主体多元化

产教融合的发展思路要求校企协同育人的教育管理主体从一元化走向多元化。在传统高等教育模式下，高校教育管理的主体主要是院校，未能充分发挥企业在教育管理中的重要作用。而在产教融合背景下，高校教育管理需要充分调动各方的教育资源，发挥企业的人才培养主体作用。校企协同育人注重应用型人才的培养，而应用型人才培养的基本属性是实践性，也就是说，校企协同育人要充分体现实践的特点，同时应贴近并反映产业行业的教育需求。因此，在校企协同育人中，高校必须加强与企业的合作。同时，充分发挥各人才培养主体的教育资源优势，将工匠精神融入人才培养的全过程。在产教融合背景下，高校与企业需要遵循学生成长成才规律，共同设计学生管理目标、内容和评价机制，形成对标产业需要的教育管理方式。

（二）突出"以人为本"

产教融合的管理模式要求高等教育管理模式由制度管理转向人本管理。以亚伯拉罕·哈罗德·马斯洛（Abraham Harold Maslow）为代表的现代人本主义学习理论的提出，对教育观念、教育方式及教育目的产生了深刻且持久的影响。人本主义学习理论强调以人为本，重视个人的价值，尊重个人的需要，主张充分发挥人的潜能，为现代高校人才培养提供了重要指引。

在产教融合背景下，校企协同育人中的学生在学生与学徒的角色中灵活转换，因而校企协同育人教育管理的对象是学生或学徒。校企协同育人作为我国培养应用型人才的重要途径，需要坚持对学生实行人本管理，将每个学生当作具有独立情感和个性的个体来对待。在必要情况下，高校需要建立符合学生需求的管理服务机制。

（三）管理情境从单一化走向复杂化

产教融合，"产"在前而"教"在后，也就是说，在产教融合的过程中，产业（企业）是人才培养的第一主体，是人才的需求者，更是人才的培育者。因此，在产教融合背景下，校企协同育人是一种横跨教育界和经济界的教育，这决定了人才培养情境必须从单一化走向复杂化。

校企协同育人不仅要遵循教育规律，培养具有宽泛技术知识的人才，更要立足生产、服务、管理一线，为社会培养高素质技术技能人才。随着新技术、新工艺的广泛应用，无论实训设备如何先进，也无法取代基于工作场所的学习。因此，在校企协同育人中，学生管理情境不仅包括学习情境，也包括工作情境。只有营造与现实职业技能岗位相对应的职业情境，才能有效提高学生的实践能力。

二、产教融合背景下学生管理的创新路径

（一）协调校企管理理念

虽然学校管理与企业管理都在管理的大框架内，但学校与企业是具有不同性质和目标的组织，因而它们的管理理念存在明显的差异。若想协调校企管理理念，创新校企协同育人的学生组织管理模式，高校与企业必须明确彼此在管理方式上的不同。高校与企业管理方式的不同具体体现在以下几个方面：

首先，管理对象的差异决定了管理理念的不同。高校管理的主体是在校学习的学生，这些学生处于人生发展的关键阶段，他们的需求、特征以及发展方向存在差异，这就需要高校的管理能够发挥强烈的教育关

怀和引导作用。与此相反，企业管理的主体是在岗员工，这些员工作为企业运营的基本单元，其工作效率和效果直接影响企业的整体运行和成果，因而企业管理更加强调效率、效益和合规性。

其次，管理目标的差异也是导致管理理念不同的重要原因。高校管理关注的是学生的全面发展，包括学习成绩、专业技能、道德素质和人际交往能力等，其目标是培养出合格的社会公民和有用之才，因而高校管理的目标具有深远的教育意义和社会价值。企业管理的目标则是追求企业的利润最大化和可持续发展，因而业管理强调效率、效益、创新和市场竞争力。

再次，管理方式的差异也是学校管理与企业管理理念不同的重要表现。学校作为教育机构，其管理方式是非市场化的，强调规则的公平性、公正性和教育的人文关怀。相反，企业作为营利性机构，其管理方式是市场化的，注重效率、效果和竞争力，强调市场规则和企业利益。

最后，管理结果的差异也使得学校管理与企业管理的理念存在较大差异。学校管理的贡献主要体现在社会领域和教育领域，如培养未来社会主体、推动科学文化传承等。而企业管理的贡献主要体现在经济领域，如创造经济价值、提供就业机会、推动社会经济发展等。

因此，创新高校学生管理模式，需要高校与企业两大人才培养主体的理念保持一致，以利益契合点为纽带，形成一个深入融合的育人主体。在校企协同育人的过程中，高校和企业的管理理念需要充分协调，这样才更有利于形成人才培养的合力。

高校和企业在协同育人过程中要尊重和适应学生的个体差异，构建一种以学生为中心的管理模式。这种模式强调学生的主体地位，鼓励学生自主学习、自我管理，提倡发挥学生的主观能动性，充分激发学生的学习兴趣和学习潜能。为实现这一目标，高校和企业主要从以下几个方面着手：

首先，构建以学生为中心的管理模式，鼓励学生依据自身的兴趣和潜能，自主选择学习路径和发展方向，以提高学生的学习积极性和主动性。高校和企业在推进学生组织管理创新中，要坚持"以人为本"的教育理念，即在传授学生知识和技能的同时，关注学生的身心发展。例如，高校和企业可以通过开展丰富多彩的团队合作活动、志愿服务活动等，帮助学生提高团队协作能力，培养学生的社会责任感，提升学生的道德素质，从而全面提高学生的综合素质。

其次，加强学生自我管理能力的培养，使学生不仅成为学习的主体，还成为管理的主体。高校和企业要鼓励学生参与学习计划的制订和执行，帮助学生养成良好的学习习惯和时间管理习惯，提高学生的自主学习能力和自我管理能力。

最后，建立紧密的校企合作关系。在产教融合的背景下，企业作为高校的重要合作伙伴，其在学生管理中的作用不可忽视。通过建立紧密的校企合作关系，高校和企业可以为学生提供更多实践性优、操作性强的学习机会，从而帮助学生更好地将所学知识与实际工作相结合，提高学生的职业素养和工作能力。

（二）校企协同帮助学生适应身份的转变

在产教融合的教育背景下，学生具有学生与学徒的双重身份。在学校环境中，学生是独立思考、积极探索的学习者，而在企业环境中，学生成为执行具体任务、参与生产过程的学徒。这一身份的转变，既为学生的职业成长提供了可能，也带来了诸多困扰，如何平衡理论学习与实践技能的发展，如何适应学校与企业的不同环境，等等。

由于校企之间的诉求存在差异，学生在实践教学中的身份转变面临一定的挑战。高校以学生的全面发展为主要目标，强调学生的个性化发展，致力于丰富学生的理论知识、提升其思维能力和创新能力等。然而，企业更注重实际工作的效率和效益，对学生的期望更多的是能够快速适应工作环境，掌握实用技能，参与实际生产。双方目标导向的差异，无疑给学生在校企之间的身份转变带来了挑战。

高校和企业在对学生的培养方式和期望上存在差异，也使得学生在身份转变过程中感到困扰。部分高校往往更强调学生的理论学习，对学生的实践技能训练关注不足。因此，学生在进入企业实习时，可能会因为实践能力的欠缺而难以快速适应工作环境。相反，大多数企业更重视学生的实际操作能力，对学生的理论知识要求不高，这会使学生认为自己的知识并未得到充分的运用。

在这样的情况下，高校与企业在开展对学生的组织与管理时需要协同合作，采取多样化的方式帮助学生适应身份的转变。高校需要重视实践教学的组织，让学生有更多的机会在实际环境中运用理论知识，提高实践能力。企业也需要理解和尊重学生的学习需求，为学生提供真实的工作环境，让他们在实际操作中增长技能，实现自我价值。

为了平衡学生在学校与企业间的身份转变，校企双方在进行学生组织与管理时应以共享资源、共创价值为原则，形成互补优势，共同促进学生的发展。在教学内容的设计上，高校可以充分考虑企业的实际需求，强化对学生实践能力的培养。在实习安排上，企业可以提供多样化的实习机会，使学生能够在不同的工作环境中得到锻炼，提升自身能力。

（三）教育管理方式需要更加灵活

学生教育管理工作是高校的工作重心。为更好地适应社会发展需要，培养出更多优秀的技术技能人才，高校需要改革教育管理方式。在产教融合背景下，校企协同育人成为人才培养的主要模式，即将学生在学校的理论知识学习与在企业的实践技能提升有机结合起来。但这种培养模式存在以下问题：校方难以满足企业需求，寻找合作企业难；校方的理论教学与企业的实际需求不相符；学生成绩评定、纪律管理存在弊端。因此，高校教育管理方式不灵活会在一定程度上导致人才培养质量不高。

企业与高校需要根据校企协同育人实践及时调整学生管理工作内容，不断优化学生管理体系，及时发现管理过程中不适应实践的部分并予以调整。

第七章　产教融合引领校企协同育人的经验与启示

第一节　四川省电子商务产教融合引领校企协同
育人实践

围绕贯彻深化产教融合的发展理念，四川省深入学习研究国内外产教融合的成功案例，结合自身发展实际，由政府引导，制定了一系列促进区域内校企合作与产教融合的政策，旨在提升职业教育的人才培养水平。

一、开展现代学徒制试点工作

为了进一步深化产教融合，促进校企合作的发展，四川省从优化人才培养模式入手，创新技术技能人才培养模式，对区域内高校职业教育发展情况进行深入调研，并对区域内行业、企业的发展情况进行综合分析。

以电子商务为例，四川省在试点校企单位选择上考虑十分周密，对于学校的位置、办学水平、软硬件设施、师资力量等因素，以及电子商务行业发展状况、电子商务行业发展趋势、电子商务行业人才结构、电子商务企业经营现状、电子商务企业发展理念与发展需求等因素进行了综合研判，最终选择符合条件的学校与企业，开展现代学徒制试点工作。

四川省从试点院校和企业开始，逐步将产教融合的理念贯彻落实在职业教育之中，由政府引导，推进校企合作不断深化，逐步将现代学徒制人才培养模式推向全省，使现代学徒制成为四川省技术技能人才培养的重要途径。同时，推广其中取得显著成效的校企合作模式，供省内高校与企业参考。

开展现代学徒制试点工作是四川省推进产教融合的一个突破口。现代学徒制作为校企合作育人的模式之一，其仅仅是一种育人手段，而不是一种完整的校企合作模式。但成形的校企合作模式难以直接用于不同的校企合作实践之中，只能作为其他校企合作实践的参考，让学校与企业在成功案例中学习先进经验，避免走入歧途。

现代学徒制人才培养模式作为一种具体的人才培养手段，其具有普遍适用性，不仅可以应用于电子商务领域，还可以适配不同的校企合作形式，适用于不同的校企合作实践。四川省政府正是看准现代学徒制这一特点，将其在全省范围内进行推广，并以此为突破口，在全省范围内探索产教融合背景下校企合作的发展路径的。

二、发展适应战略性新兴产业的职业教育

职业教育面向现代产业发展，提供行业发展所需的高素质应用型人才，为企业补充高质量人力资源，提升企业竞争力，进而促进行业的整体发展，促进区域经济增长。新兴产业代表着产业发展的方向，反映着区域内新的经济增长点，是区域经济发展的重心之所在。因此，支持战略性新兴产业的发展，培养符合战略性新兴产业发展要求的人才，是职业教育人才培养的目标，也是职业教育的发展方向。电子商务产业正是其中之一。

四川省围绕现代产业发展规划，大力发展面向优势产业和战略性新兴产业的职业教育。为适应重大产业引进项目的需要，四川省统筹区域内产业发展状况与高校人才培养情况，有针对性地提出能够有效促进区域发展的职业教育人才培养计划。电子商务产业就是其中典型的代表。电子商务产业作为新兴产业，其在区域经济发展中的地位越来越高，逐渐成为助推区域经济发展的主力产业之一。

四川省十分重视电子商务产业的发展以及电子商务人才的培养，由政府牵头，组建四川省电子商务公共服务平台。平台涉及四川省电子商

务的政策法规、电商资讯、协会活动等省内电商产业的方方面面。四川省电子商务公共服务平台为电商发展提供大量行业信息与数据，助力产教融合背景下电子商务的发展与电子商务人才的培养。

除了电子商务领域，四川省根据自身的优势产业与重大项目引进，确定产教融合优先发展专业，涉及电子信息领域、能源电力领域、装备制造领域、医药领域、食品加工领域、航空航天领域、生物工程领域以及环保与新能源领域等。四川省优先发展以上领域相关院校与专业，加强产学研合作，优化校企合作布局，提升相关院校的办学能力。四川省政府还充分发挥自身在产教融合发展中的引导作用，给予校企合作一定的政策支持与合作方式引导，并深入参与产教融合的实践，帮助学校与企业在区域内建立起多座校企合作实践基地，促进校企融合，保证为行业提供高素质人才，提高企业的市场竞争力，促进产业发展。

三、深入推进职业教育集团化办学

（一）推行教育改革

四川省政府立足区域内产教融合的整体发展与区域社会建设，充分发挥自身的文化职能优势，对区域内的职业教育进行综合性改革，并通过出台相关政策、规范，以及相应的发展激励政策，为职业教育改革提供保障，并对教育改革的整个过程进行监督与规范。针对电子商务专业，四川省政府给予电子商务相关院校与专业一定的方向指导和政策支持，鼓励相关院校推行电子商务相关专业人才培养模式的优化升级。

四川省职业教育改革涉及职业教育的多个方面，包括人才培养模式的选择、职业教育课程体系的构建、人才培养评价标准的制定、校企具体合作模式的选定等。四川省政府率先设立职业教育改革试点学校，根据试点学校教育改革的效果，对教育改革的具体方略和措施展开综合分析，并将成功的经验推向区域内其他的高校，在更大的范围内推进职业教育改革。

（二）推进集团化办学

四川省充分发挥统筹规划的作用，要求全面推进职业教育集团化办学，不断建立健全产教融合制度。为更高效地推进职业教育集团化办学的进程，四川省政府推动国有大中型企业与地方行业龙头企业组建职业教育集团，为区域内产教融合集团化办学的开展树立标杆，对于其他高校与企业推进产教融合起到示范性作用。

四川省政府站在区域整体发展的角度，坚持社会需求与就业导向相结合、企业需求与高校人才培养相结合、产业发展趋势与人才培养目标相结合，帮助高校职业教育打开大门，面向行业、企业进行办学，充分调动各方资源，实现体系共建、资源共享。

四、充分发挥行业、企业的主体作用

四川省政府在推进产教融合发展的过程中，注重发挥行业与企业在人才培养过程中的主体作用，积极推进校企联合招生、联合办学、联合培养。四川省政府通过政策支持、政策引导，充分发挥行业、企业的教育作用，大力支持行业、企业开展职业教育，组织职业培训。四川省政府将成功的产教融合实践向全区域进行推广，以点带面，促进区域内产教融合的发展。

第二节　杭州职业技术学院校企协同育人实践

杭州职业技术学院是我国最早创建校企共同体的院校。该校以成功的实践证明了校企协同育人这一人才培养模式对于职业教育的巨大推动作用。可以说，杭州职业技术学院的校企协同育人具有重要的研究价值。

一、杭州职业技术学院基本情况

杭州职业技术学院于 2002 年正式成立，是一所由杭州市人民政府主办，经浙江省人民政府批准成立的全日制普通高职院校，其前身是杭州职工大学，学校下设 9 个二级学院，开设 11 个大类 36 个专业。

杭州职业技术学院在办学上突出区域性，强调人才培养的重要目标之一就是推动区域经济发展与社会建设，助力杭州经济更上一层楼。杭州职业技术学院的办学定位十分明确且具有鲜明的职业教育特色，即"立足开发区、服务杭州市"，强调高校对于区域发展的责任与担当。

杭州职业技术学院在办学上与时俱进，积极根据时代发展的新趋势、新要求进行教学改革，并提出了"重构课堂、联通岗位、双师共育、校企联动"的教学改革思路。校企联动的人才培养思路就是杭州职业技术学院首倡的。

杭州职业技术学院是国家骨干高职院校建设单位、国家现代学徒制试点单位、国家优质专科高等职业院校、中国特色高水平高职学校和专业建设计划建设单位（B 档）、浙江省示范性高等职业院校、浙江省优质高职院校建设单位，是首批全国教育信息化试点单位、国家职业院校文化素质教育基地建设单位和国家级非物质文化遗产职业教育专业委员会首批入会委员单位。

二、杭州职业技术学院的校企协同育人实践路径

（一）跨界合作全面推进

杭州职业技术学院始终秉承为区域经济发展服务的办学理念，不但在实践教学中根据区域经济发展特点进行课程体系设置，重视对学生实践技能的培养，而且与区域相关管理部门、企业积极联系，展开合作，为人才培养探索更多路径。

2008 年，杭州职业技术学院与杭州市经济技术开发区管委会就学校的发展、人才的培养以及区域经济建设等问题进行了充分的沟通与交流，并签订战略合作协议，共同组建了学校发展委员会，由杭州市经济技术

开发区管委会参与学校发展战略规划的制订当中，杭州市经济技术开发区管委会主任同时担任杭州职业技术学院发展委员会主任，杭州职业技术学院则纳入杭州市经济技术开发区社会建设和经济发展的总体战略规划之中，双方形成了优势互补、协同发展、合作共赢的关系。

同样是在 2008 年，杭州职业技术学院与宁波职业技术学院、温州职业技术学院秉承"资源共享、优势互补、责任共担、发展共谋"的理念，建立了旨在促进共同发展的三校战略联盟。

2008 年 10 月 28 日至 30 日，杭州职业技术学院、宁波职业技术学院和温州职业技术学院三校战略联盟首次会议在杭州职业技术学院隆重举行。本次会议以"校际交流、同伴互助、务实合作、共谋发展"为主题，是自三校签订框架协议以来的首次会议，标志着三校战略联盟迈向实质性合作阶段。

2010 年 5 月，三校战略联盟有了实质性的进展，三所院校共同构筑了教育资源、信息资源、科技、管理的共享平台，形成了资源共享、同伴互助、协同发展、示范带动的合作机制。三所院校还组建了由知名职业教育专家组成的专家委员会，对校际合作与人才培养机制进行研判与引领。杭州职业技术学院在区校合作取得成果的同时，在校校合作领域也取得了重大进展。

（二）校企协同育人示范全国

在开展区校合作、校校合作的同时，杭州职业技术学院重视与企业的合作，并开创性地提出了"以政府为引领、以企业为主体、以学校为主导"的校企协同育人思路。

杭州职业技术学院先后与区域内诸多主流企业共同进行学院建设。截至 2017 年 5 月，校企协同共建了友嘉机电学院、金都管理学院、达利女装学院、临江学院、信息工程学院、新通国际学院、青年汽车学院、杭州动漫游戏学院 8 个二级学院。

杭州职业技术学院下设学院的建设是校企协同的成果，是杭州职业技术学院校企共同体建设结出的硕果。杭州职业技术学院及其所属学院与合作企业之间共同规划、共同组织、共同建设、共同管理、共享成果、共担风险，在人才培养方面实行校企共管制度，在沟通协作方面实行人员对接联系制度，校企之间利益与共、荣辱与共，形成了利益共同体、发展共同体，对于校企共同体建设起到了示范作用。

　　2010 年 9 月，教育部召开全国高等职业教育改革发展工作会议，会议以杭州职业技术学院的成功实践作为高职教育人才培养的典型案例，将杭州职业技术学院的"校企共同体"人才培养机制建设的先进经验推向全国。

　　在具体的人才培养举措中，杭州职业技术学院深入推进人才培养模式改革，"以政府为引领、以企业为主体、以学校为主导"开展人才培养工作，以项目为导向、以任务为驱动、以政策为保障，构建工学结合、产学研三位一体的人才培养体系。

　　在电子商务人才培养方面，杭州职业技术学院逐渐形成"岗位工作室、大模块项目化"的人才培养模式，将传统的面向书本的课堂教学转变为面向生产实践的开放式教学。该培养模式以教师为主导，以学生为主体，以专业理论知识为基础，以专业技能的培养与应用为核心，以工作室为教学载体，将课堂教学与生产实践充分结合，在教师的引导与帮助下，学生通过具体的工作实践理解并掌握电子商务专业技能。

　　杭州职业技术学院电子商务人才培养模式具有优良的外部条件。杭州职业技术学院坐落在我国电子商务产业较为发达的杭州市，有大量的企业与项目可以辅助其进行项目化教学。另外，地区政府也为电子商务的发展提供了有力的政策支持和制度保障，为电子商务产业的发展以及电子商务人才培养营造了良好的外部环境。

　　工作室项目化人才培养模式的两个突出特点是实践训练与面向市场，学生在教师和企业的引导和帮助下直接参与生产实践，在实际工作中将自身所学理论与实践充分结合，学习和提升自身的实践技能。同时，工作室项目化人才培养模式能进一步深化学生对电子商务产业的认知，使学生更加直观地体验电子商务相关工作，提升学生的自主学习能力，促进学生综合素质的提升。

第三节　天津现代职业技术学院校企协同育人实践

一、天津现代职业技术学院概况

天津现代职业技术学院成立于2001年，是天津市人民政府正式批准，教育部备案的一所集应用文科、应用理科、工科及艺术学科于一体的全日制普通高校。该学院设置了应用文科、应用工科及艺术类共37个专业，其中有7个国内领先的特色专业，3个天津市级教学改革试点专业。2010年，该学院被教育部、财政部确定为全国示范性骨干高职院校建设单位。

在学院组织架构方面，天津现代职业技术学院下设生物工程学院、信息工程学院、管理工程学院、传媒设计学院以及机电工程学院5个学院。在具体的专业中，药品生产技术、食品营养与检测、无人机应用技术、环境工程技术为其骨干专业。

二、天津现代职业技术学院的校企协同育人实践路径

天津现代职业技术学院是较早探索校企合作办学模式的高校之一。从"教学车间"到"校企共同体"，天津现代职业技术学院不断探索职业教育人才培养模式的发展创新路径。在这一过程中，高校与企业之间的关系日益密切，合作不断深化，从校企合作走向校企共同体。

（一）教学车间模式

天津现代职业技术学院从职业教育的目标出发，对职业教育人才培

养模式进行了深入的研究。该学院强调实践教学的重要性，不断探求理论教学与实践训练充分融合的人才培养模式，教学车间模式就是其在这一探索过程中形成的重要成果之一。

天津现代职业技术学院根据教学实践探索出 3 种以校企合作为基础的教学车间人才培养模式，如图 7-1 所示。

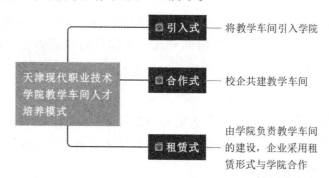

图 7-1　天津现代职业技术学院教学车间人才培养模式

1. 引入式

引入式教学车间模式指的是将教学车间引入学院。在这种教学模式的构建中，高校负责提供场地、服务和管理，企业提供设备、技术和师资支持。天津现代职业技术学院的印刷教学车间就是由学院和印务公司按照上述规则共同组建的。

引入式教学车间人才培养模式的主体依然是高校，虽然企业通过竞标的方式将技术引入高校，但是高校可以按照自己的人才培养计划有序开展教学活动，进行人才的培养与遴选。

2. 合作式

合作式教学车间模式指的是高校与企业共同进行教学车间的建设。天津现代职业技术学院合作式教学车间模式的典型事例是与天津某集团共建了国际化手表装配教学车间，培养学生的手表装配技能。

合作式教学车间模式的组织结构与运行方式具有较强的灵活性。高校与企业根据协议明确各自的权利和义务，在合作过程中，校企双方还可以根据自身的发展需求以及教学实践的变化对人才培养内容和方式进行调整，极大地调动了校企双方的合作积极性。

3. 租赁式

租赁式教学车间模式指的是企业通过租赁高校所建车间的方式与高校展开合作。

在这种合作模式中，企业负责提供相关的生产原料与技术，高校负责提供教学资源，校企双方协商合作，共同进行实践教学、产品开发以及其他具体的生产活动。这种合作形式的典型代表是某真空乳化教学车间。

租赁式教学车间模式的最大优势是提升学院实训基地建设的边际效益，降低学院与企业双方的成本，提升双方人力资源的使用价值，最终实现高校与企业的双赢。

（二）校企共同体的建设实践

天津现代职业技术学院在教学车间模式的基础上，继续深化校企合作，不断提升校企合作的水平，拓展校企合作的领域，不断探索校企合作的新模式，并形成了校企共同体的人才培养模式。

天津现代职业技术学院重视校企共同体中的管理体制机制建设，依托职教集团董事会、校企合作理事会、专业指导委员会的三级管理平台，围绕学生职业能力培养的需要，引入合作企业真实的生产任务，拓展"生产实训一体化教学车间"，形成具备教学、生产、培训、技能鉴定、技术服务和新产品研发等多重功能，校企共建、共管，利益共享、风险共担的紧密共同体。

天津现代职业技术学院校企共同体建设的主要措施包括以下几个方面：

1. 完善"校中厂"建设模式

"校中厂"建设模式指的是在高校内建设生产实训一体化的教学车

间，同步建立模拟仿真实训基地。该模式主张打造真实的生产环境，完全按照产品生产、技术研发、项目运营形式组织教学，同步培养学生的职业素质、技术技能。

例如，该学院与天津某公司合作建设了日化生产教学车间，学生实训所需的价值 50 万元的实训设备均由企业提供，学生在教师的指导下可以进行技术研发和产品生产。个性化研发成果坚定了学生通过日用化学品应用提高人类生活质量的信念。

2. 在校外拓展实训基地，完善"厂中校"建设模式

校外实训基地建设是校内实践教学的延伸和完善。高校可让学生在校外实训基地接触真实的生产环境，感受就业氛围，培养学生对企业的归属感、价值感和文化认同感。

例如，该学院与多家企业集团合作，在企业中建立了学习岛，与企业共建了技术技能人才孵化基地。

通过"校企共同体"建设，该学院在实训基地建设、师资培养、育人模式等方面得到进一步优化。

在专业师资培养方面，该学院通过调入、从企业选聘、选派教师到企业实践、内部培养等方式建设了"双师型"教师团队，并聘请企业生产一线的工程技术人员和能工巧匠担任兼职教师，承担生产性实训车间的全部实践技能课教学任务，建立了兼职教师人才资源库。

目前，该学院已拥有一支专业知识结构合理，熟悉食品、生物专业现代科学技术，师德高尚、业务精良的专兼结合的教师队伍。

在育人模式方面，该学院根据食品、生物类企业的生产特点实施"旺入淡出"的顶岗实习方法，在企业最需要人的时候派学生进入教学车间、企业顶岗实习，切实解决企业的实际需求。在完成生产任务的过程中，学生学到了岗位技能。待企业阶段性生产任务完成后，学生可返校继续完成其他学习任务。学生在完成技能学习后可考取两个工种的中、高级职业资格。

"校企共同体"将企业实习、学院教学双线融为一体，既可以提高学生的专业技术水平，又可以满足企业需求，实现学生、学校、企业的共赢发展。

第四节　四川外国语大学跨境电商校企协同育人实践

一、四川外国语大学概况

四川外国语大学位于中国重庆市，是一所经教育部批准成立的市属全日制普通本科高等院校，也是我国最早设立的四所外语专业高等院校之一。四川外国语大学始建于 1950 年 4 月；1959 年 5 月，扩建为四川外语学院；2013 年 4 月，更名为四川外国语大学。四川外国语大学与 30 余个国家或地区的 100 余所高校及机构建立校际合作与交流关系，建有中澳商务英语、中法物流管理等 2 个教育部批准的中外合作办学项目。四川外国语大学是中国西南地区外语和涉外人才培养以及外国语言文化、对外经济贸易、国际问题研究的重要基地之一。

二、校企协同育人的基础

（一）依托外语优势，促成校企人才共育

四川外国语大学作为四川省唯一的专业外语高等学府，其在全国外语教育领域拥有独特的地位和影响力。学校开设的 16 个外语专业覆盖英语、日语、德语、西班牙语、法语、葡萄牙语、俄语、越南语、泰语、意大利语、阿拉伯语、波兰语、捷克语、匈牙利语、马来语等多种语言，形成了语种全面、专业深入的教育体系。这些丰富的语种资源为吸引跨境电商企业合作，提供了宝贵的语言和文化资源。

学校的语言优势在于它不仅掌握了各种语言的基础知识和应用技

巧，还深入研究了各种语言背后的文化和社会环境。这种深入的学术研究使得学校的毕业生不仅能流利地使用各种语言，还能深入理解和适应各种语言背后的文化和社会环境，能够为跨境电商企业解决跨文化交流的问题提供有力的人才支持。四川外国语大学坚持服务区域经济发展的原则，通过搭建校企融合育人新模式，积极参与地方经济建设和发展。通过与企业合作，高校可以培养出真正适应社会需求、具有实战能力的应用型人才。同时，高校借助企业的资源和经验，还能进一步优化教育教学体系，提高教育教学质量。在四川外国语大学的培养下，毕业生多具备扎实的语言功底和丰富的实践经验，能够有效地服务跨境电商企业，将中国制造推向世界。高校和企业的紧密合作也将为地方经济发展提供强大的人才和技术支持，推动中国的跨境电商行业向更高的水平发展。

（二）以助力学生高质量就业为目标

在当今的就业市场中，高校学生面临一系列挑战。部分学生虽然在学校期间累积了大量的理论知识，但在实际工作中往往表现出实操能力薄弱，与行业岗位要求不匹配的情况。他们可能在理论考试中表现出色，但在面对实际工作任务时往往感到无所适从。部分学生在面临职业选择时感到迷茫，对自己的职业定位不清晰。他们可能对多个行业都有所了解，但对于自己真正的兴趣和优势不够明确。此外，部分学生的就业忠诚度不高，他们可能在短期内频繁换工作，对未来的职业生涯缺乏长期规划和稳定的期待。

通过参与校内产教融合双创基地跨境电商的实习实训，这些问题可以得到有效的解决。实习实训能够提供一个实际的工作环境，让学生在实际的工作场景中运用所学的理论知识，从而提升实操能力。学生在实习实训中可以了解跨境电商行业的具体岗位特点，对各种岗位的要求形成实际的认识，从而能够更好地将专业知识应用于实际工作中，实现专业技能与综合素养的高度匹配。这有助于学生找准自己的职业定位，明确自己的兴趣和优势，做好未来的生涯规划。

（三）学校、企业、学生三方利益共生，有利于实现合作共赢

在高校企共同培养人才的过程中，四川外国语大学认识到必须确保学校、企业、学生三方都能实现利益共赢，这是实现共同培养目标的基础。四川外国语大学建立了校内跨境电商产教融合双创基地，为各方拓展了合作空间。对企业来说，基地不仅提供培训和办公场地，降低了运营成本，还为企业发展提供源源不断的人才资源，这对于企业的长远发展具有巨大的促进作用。学校在培训过程中磨炼学生的实战技能，培养高素质应用型人才，让他们在实践中成长，而不仅仅是进行理论学习。企业的加入也为学校提供了丰富的学生实习和就业岗位，为学生提供了更广阔的就业选择空间。同时，企业的专业经验和技能有助于学校建设双师型师资队伍，提高教育教学质量。

三、四川外国语大学校企协同育人实践

（一）校企协同育人的基本模式

四川外国语大学跨境电商校企协同育人的基本模式是建立校内跨境电商产教融合双创基地，以该基地为依托开展校企合作，组织跨境电商人才培养活动。

四川外国语大学按照"行业引导、企业主导、学校参与"的原则，以"平台建设企业化、实践教学生产化"的理念，引进跨境电商企业入驻学校实地办公。入驻的企业主要专注跨境出口电子商务平台业务的跨境运营、销售业务等。各企业均拥有完善的供应链和业务流程体系。目前，入驻企业均已成立销售运营部门，主营产品包括汽车配件、灯具、玩具、户外用品等数十个品类，产品远销多个国家及地区。多家公司在

海内外建立了独立仓储物流中心，并在多个国家拥有独立海外仓。

四川外国语大学与相关跨境电商企业合建了实践教学平台，即校内跨境电商产教融合双创基地，为学生创造了高仿真的企业工作环境、业务流程，让学生通过任务驱动、角色扮演等实战演练，完整感受企业运营全流程。实训中心也能开展实战教学。通过企业账号，学生便能融入企业真实运营环境。学生不出校园，只要通过了面试选拔，就可利用课余时间到入驻企业进行实习实训。企业为学生提供人性化人才管理体制与完善的福利待遇。

（二）人才培养模式的运行与优化

四川外国语大学根据跨境电商行业对岗位人才职业能力要求以及对学校输送到跨境电商产教融合双创基地人才使用反馈，及时调整人才培养方案，优化人才培养目标，通过校企共建校内"跨境电商产教融合双创基地"，实行"三位一体"（教师、企业和学生）的人才培养模式和"校内实训＋工学交替＋顶岗实习"的实践教学体系。四川外国语大学不断完善课程设置，借助移动数字、云平台、反转课堂等创新课堂形式，同时采用线上线下混合式教学模式，组建多语种跨境电商虚拟仿真实验室。以行业企业需求为导向，以教学改革为抓手，努力提高多语种跨境电商行业人才培养质量，以更好地服务区域经济建设。

（三）校企协同育人的成效

自跨境电商产教融合双创基地组建以来，四川外国语大学已成功引进多家知名跨境电商企业入校落地运营中心，积累了良好的电子商务教学和学生实践经验。入驻跨境电商企业每年为四川外国语大学应届毕业生提供大量的就业岗位，有效促进了四川外国语大学毕业生的就业。

依托跨境电商基地，四川外国语大学的教学、科研进一步发展，其"跨境电商法语"入围四川省第二批省级一流本科课程。此外，学生实践能力得到提升，上岗后"上升快，适应期短"，近年有多家跨境电商企业优先到四川外国语大学跨境电商专业招聘人才，人才培养和市场需求无缝对接为学生搭建了具有竞争力的就业平台，实现了学生的高质量就业。

四川外国语大学的跨境电商校企协同育人实践充分发挥了跨境电商实践教育基地的作用，以跨境电商产教融合双创基地为平台，整合政府、高校与企业的教育资源优势，充分发挥各主体的育人优势，形成人才培养的强大合力，取得了显著的成果，为区域跨境电商行业的发展提供了大量的高素质应用型人才。

第五节　石家庄职业技术学院校企协同育人实践

一、石家庄职业技术学院校企协同育人概述

石家庄职业技术学院是一所由石家庄市人民政府主办的全日制普通高等院校。该学院入选国家建设行业技能型紧缺人才培养培训工程、第二批国家现代学徒制试点单位、河北省示范性高职院校。石家庄职业技术学院以"建设人民满意、特色鲜明、区域一流、国内知名的高职院校"为办学目标，以高职教育创新发展行动计划和国家优质校建设为载体，积极开展校企合作，不断推动作风建设和产教融合，积极响应上级"双问计"有关要求，注重职业教育的跨界性和多元性，形成了混合所有制二级学院、引企入校、办校入厂、学工结合等多种办学方式，取得了显著效果。

石家庄职业技术学院拥有丰富的技术技能人才资源，学校以此为基础，精准对接河北省创新驱动发展战略及石家庄市"4+4"现代产业发展格局，构建了以智能绿色建造和电子信息类专业为核心，智能制造类、现代服务类、文化创意类、食品药品类专业集群协调发展的专业框架体系。学校培育和遴选优秀科研团队、技能名师，面向区域内企事业单位、

行业协会等开展技术和研发服务，近年来共选拔 100 余名院级企业特派员，圆满完成服务企业任务 65 项，技术交易折合价值达 2 000 多万元。学校成功入选首批国家级职业教育教师教学创新团队立项建设单位，在职业院校技能大赛教学能力比赛中共获国家级奖 8 项，其中包括一等奖 2 项、二等奖 2 项、三等奖 4 项。石家庄职业技术学院还建立了 7 个社会培训基地，与社区共建各级各类教育基地 381 个，完成各类社会培训项目 54 个。通过各类平台的搭建，石家庄职业技术学院为区域经济发展培养和培训了大批急需人才，实现了专业链与产业链的同频共振。

二、石家庄职业技术学院校企协同育人实践路径

（一）创新理念引导

石家庄职业技术学院重视科学理念的引导。校企协同育人是一种高水平的校企合作形式，这种模式对于应用型人才培养具有非常重要的推动作用，但缺点就是开展经验相对不足。科学的认识对于实践具有积极的指导作用，而作为认识与经验的集合体，教育理念更是教育实践的重要指导。一个全新教育模式的良好运行离不开科学理念的指导。石家庄职业技术学院将创新教育理念作为提高自身办学水平的重要手段，

石家庄职业技术学院对接《悉尼协议》国际标准，实施成果导向教育（outcome based education，OBE），将职业道德评价纳入职称评聘指标体系，打造高水平师资队伍。近年来，石家庄职业技术学院的科研项目立项数量、论文发表数量、发明专利数量均连续位列全省同类院校前茅。

石家庄职业技术学院重视社会效益的发挥，其在全国高职院校中率先开展社区教育，深度参与社区教育活动，进一步强化其在社会效益方面的贡献。显著的表现之一是该学院在全国高职院校中首创社区教育项目，其中包括设立了 12 个社区二级学院，如社区中小企业学院等。石家庄职业技术学院一系列行动展示的愿景是通过其教育平台服务更广泛的

社区，而非仅限于传统的教学功能。石家庄职业技术学院的这些创新性措施促使其成功地将育人实践融入社会生活，以至于其参与社区活动及培训的居民累计人次达 10 余万。这一成就反映了其推广社区教育的"石家庄模式"的有效性和影响力。石家庄职业技术学院的这些行动不仅获得了社区的广泛认可，也得到了相关政府部门的高度肯定。政府相关部门对石家庄职业技术学院社区教育工作的肯定不仅说明了该学院在教育领域的卓越表现，也为全国其他高职院校提供了示范性的教育模式。

在校企协同育人实操领域，石家庄职业技术学院重视上层建筑的搭建。为了追求更好的教育质量，学校采用精细化管理策略，系统地进行整改，并积极引入第三方专家机构进行监督和指导。这种全面的审查过程确保了工作过程的完整性和连续性，形成了一个良性循环机制，即监督—反馈—调控—整改。这种精细化的管理模式充分体现了学校对教育质量的重视，同时显示了其致力于持续改进和创新的决心。该学院构建了"信息化质量管理系统""质量评价系统""工作任务及过程管理系统"三大核心管理系统。这些系统不仅强化了该学院的管理能力，提高了工作效率，也以数据和信息化的方式，更为精准地评估了其教学质量、管理效能以及服务水平。

石家庄职业技术学院的教育理念与时俱进，但不忘初心，在提升应用型人才培养水平的同时，坚持立德树人，培养大国工匠。该学院通过思政基因工程，将 100 余个思政基因元素与教学案例有机融合，实现了由"思政课程"向"课程思政"的转变，学生综合素质明显提高，为培养大国工匠打下坚实基础。

（二）打造区域共享型产学研用一体化实训基地

石家庄职业技术学院重视实训基地的建设，希望通过实训基地将校企协同育人的先进理念与构想落到实处，真正沟通"政行校企"多方，充分发掘不同育人主体的教育资源优势。电子信息类生产性实训基地就是其最具代表性的例子之一。电子信息类生产性实训基地是由石家庄职业技术学院和石家庄某仪器有限公司联合出资创建的。该基地旨在服务京津冀协同发展国家战略，并努力塑造成为京津冀区域具有较大规模、广泛影响、先进实训设备以及全面功能的电子信息类产学研用一体化生产性基地。这一基地秉持"六真"原则，即真实的企业环境、真实的企业项目、真实的企业标准、真实的工艺流程、真实产品和真正的技师，填补了京津冀区域实习实训场所的空白。它主要面向河北省的战略性新兴产业，如信息技术制造业、高端装备制造业等领域，以期打造出服务区域发展、支撑产业升级的高水平职业教育实训基地。

经过一系列的精心建设和努力，该基地的规模优势和专业人才培养特色得到了社会的广泛认可，品牌效应逐渐显现。师生的技能得到了持续提升，专业建设得到了高质量的发展。该基地吸引了越来越多的院校和企业进行专业技能实训，其服务经济社会发展的能力也在不断增强。该基地每年承接多个"国培"项目的企业实践锻炼任务，并于2018年被河北省认定为"河北省职业院校教师国培基地"和"河北省电子行业特有工种职业技能基地"，成为首批"河北省院士工作站建站单位"，获得了"河北省创新创业基地"的认定。这一系列的成果充分展示了该基地在提升职业教育实训水平，服务地区经济社会发展方面的重要作用。

（三）打造产教深度融合型生态圈

石家庄职业技术学院不仅重视校企协同育人的世纪举措，还重视产教深度融合型生态圈的打造，即在应用型人才培养的全过程贯彻产教融合理念，切实推进产教深度融合。产教深度融合是一种全方位的融合，不仅体现在教学过程中，还体现在人才培养的各个环节上，包括教育理念、科研与就业等。

石家庄职业技术学院重视上层建筑的产教深度融合，重视办学理念深度融合育人。石家庄职业技术学院与新龙集团共建的软件学院秉持"开放合作、共荣发展"的理念，践行"满足他人、惠及自身"的合作原则，使该学院在合作中的知名度、美誉度不断扩大，招生火爆，指标连年追加。企业通过合作拓展了教育领域的市场和经营份额，品牌的知名度、社会影响力不断增强。在体制机制层面，高校也将产教融合的理念贯穿其中。

为了提升人才培养质量并服务产业经济发展，在产教深度融合的过程中，持续的组织体制健全和运行机制完善显得至关重要。石家庄职业技术学院软件学院（以下简称"软件学院"）展现了混合所有制性质在深度融合中的特点。在治理主体的深度参与方面，软件学院采用了多元化的治理结构，即由学院、河北新龙科技集团以及河北省信息产业行业协会共同构建软件学院理事会，从而实现了在理事会领导下的院长负责制。在资源利益的深度捆绑方面，软件学院与企业各自承担不同的资源投入。软件学院投入基础设施及办公场所，企业则购置先进的教学设备。在运行机制的深度交互方面，软件学院与新龙集团共同制定了《石家庄职业技术学院混合所有制办学实施办法》及200多项工作标准化文件，确保校企双方以"机制健全、责任明确、分工合作、目标一致"的原则进行双主体管理。这种混合所有制的办学模式有效地集合了教育机构和企业的优势资源，提高了教育教学的实效性，也更好地服务产业经济的发展。

在校企协同育人过程中，石家庄职业技术学院还重视文化的交流与学生身份的重构。进入软件学院的学生，既是学院学生，也是企业准员工，具有双重身份。软件学院按照学校和企业两种管理模式对学生进行管理，帮助学生在学习知识、锻炼技能的同时更加真实、深入地了解实际工作场景，提升职业素养。软件学院还鼓励教师与企业技术人员深入交流，互相学习。教师参与公司实际项目研发，获取项目开发经验并引导教学；参与公司技术交流，学习流行技术。公司工程师可参加学校项目评审，带学生做毕业实训项目。

软件学院贯彻"始于做法、成于制度、终于文化"的育人理念，在做法上用行为文化育人，渗透企业的按规则办事、纪律严明、团队合作的行为文化。在制度层面，软件学院通过管理文化的实践，对学生实施了养成教育，营造了教育和培养人的环境。在精神层面，软件学院强调以企业价值观进行人才培养，坚持"先做人，后做事，德才兼备，精益求精"的教育原则。在企业实践和项目实训中，学生被引导在真实的企业环境中学习，并形成一系列的企业价值观，包括顾客至上的服务观、质量至上的产品观、优胜劣汰的市场观、精细集约的管理观以及务实创新的发展观。

石家庄职业技术学院的这种基于产教深度融合的校企协同人才培养模式通过系统的管理文化培育和企业价值观的引导，使学生在学习和实践中，不但提升了专业技能，而且树立了正确的道德观念和价值观，为其未来的职业发展打下了坚实的基础。

参考文献

[1] 黄艳.产教融合的研究与实践[M].北京：北京理工大学出版社，2019.

[2] 黄佳.产教融合一体化育人策略与实践[M].北京：中国原子能出版社，2021.

[3] 秦凤梅.职业教育产教融合质量评价探索[M].重庆：重庆大学出版社，2021.

[4] 蒋新革.新时代高职产教融合路径研究[M].广州：广州中山大学出版社，2021.

[5] 王云雷.产教融合：中国职业教育发展的关键路径[M].北京：团结出版社，2020.

[6] 柏芳燕.构建产教融合生态圈的研究与实践[M].北京：中国原子能出版社，2020.

[7] 祝木伟，毛帅，赵琛.产教融合型实训基地建设与评价研究[M].徐州：中国矿业大学出版社，2020.

[8] 唐新贵，唐连生.基于互联网生态助推产教融合发展：宁波工程学院经管案例精选[M].北京：中国财富出版社，2019.

[9] 鲁武霞，沈琳.混合所有制"共享工厂"高职产教融合的新模式[M].南京：河海大学出版社，2021.

[10] 谢少娜，洪柳华，傅燕萍.基于产教融合背景下的高职学生就业创业教育研究[M].沈阳：辽宁大学出版社，2021.

[11] 王培松.产教融合视域下高职教学管理理论与实践研究[M].长春：吉林科学技术出版社，2021.

[12] 黄立.产教融合背景下高职院校"双师型"教师团队建设研究[M].长春：吉林人民出版社，2020.

[13] 韩香云.高职院校校企协同育人机制研究[M].苏州：苏州大学出版社，2016.

[14] 黄雪宁.产教融合背景下校企协同育人研究[M].武汉：湖北科学技术出版社，2017.

[15] 孙新卿.高职院校校企协同育人模式理论与实践研究[M].延吉：延边大学出版社，2018.

[16] 刘生亮.校企协同育人[M].重庆：重庆出版社，2018.

[17] 伍俊晖，刘芬.校企合作办学治理与创新研究[M].长春：吉林大学出版社，2020.

[18] 陈德清，涂华锦，邱远.高职校企合作体制机制改革与实践[M].北京：北京理工大学出版社，2016.

[19] 高思茵.产教融合视域下高职学生职业核心素养培养策略研究[D].广州：广东技术师范大学，2022.

[20] 陆秋宇.高职产教融合协同治理研究[D].扬州：扬州大学，2022.

[21] 江雪儿.产教融合背景下高职学生就业竞争力提升的策略研究[D].广州：广东技术师范大学，2022.

[22] 司一凡.高质量发展视域下高职教育产教融合协同机制研究[D].呼和浩特：内蒙古师范大学，2022.

[23] 胡怡.产教融合背景下民办高职院校师资队伍建设现状及对策研究[D].杭州：浙江师范大学，2022.

[24] 田钰析.产教融合视域下高职院校人才培养问题研究[D].哈尔滨：黑龙江大学，2022.

[25] 孙中婷.企业参与校企合作产教融合的意愿研究[D].洛阳：河南科技大学，2022.

[26] 刘畅.河北职业院校产教融合现状评估与发展对策研究[D].唐山：华北理工大学，2021.

[27] 梅桃 . 四川省产教融合中的政府职能研究 [D]. 成都：四川大学，2021.

[28] 王超 . 地方政府产教融合政策研究 [D]. 南昌：江西师范大学，2021.

[29] 王磊 . 高等职业教育产教融合协同育人共同体建设研究 [D]. 南昌：南昌大学，2021.

[30] 吴济慧 . 职业教育产教融合的生态机制与测评研究 [D]. 长沙：湖南农业大学，2021.

[31] 王文 . 高职院校产教融合校企双主体合作机制研究 [D]. 扬州：扬州大学，2021.

[32] 李芩旭 . 产教融合背景下高职院校"双师型"教师队伍建设的研究 [D]. 杭州：浙江师范大学，2021.

[33] 濮敏 . 协同育人视角下行业协会参与职业教育的路径优化研究 [D]. 镇江：江苏科技大学，2021.

[34] 王莺洁 . 高等职业院校多元主体协同育人机制研究 [D]. 南昌：南昌大学，2018.

[35] 刘杰 . 高职院校校企合作人才培养模式的现状、问题与对策研究 [D]. 桂林：广西师范大学，2017.

[36] 张琦 . 高校与产业间协同创新和协同育人的共生机制分析 [D]. 南宁：广西大学，2016.

[37] 陈磊，朱庆卉，刘夏 . 利益相关者视角下深化产教融合动力机制研究 [J]. 当代职业教育，2023（2）：42-50.

[38] 宋士华，朱青，高培军 . 产教融合视域下地方应用型高校人才培养路径构建 [J]. 九江学院学报（社会科学版），2023（1）：69-74.

[39] 韩宁 . 高校产教融合战略推进路径探析 [J]. 江南论坛，2023（3）：72-76.

[40] 王萍 . 产教融合、校企合作应用型人才培养体系研究 [J]. 辽宁丝绸，2023（1）：89-91.

[41] 孙新章，何洋 . 职业教育产教融合的组织形态探析 [J]. 江苏经贸职业技术学院学报，2023（1）：69-72.

[42] 欧佩玲，蔡建轩 . 产教融合与校企合作双驱下实训基地建设的路径研究 [J]. 甘肃开放大学学报，2023（1）：7-10.

[43] 凌子豪 . 产教融合背景下高职人才培养路径研究 [J]. 产业创新研究，2023（2）：187–189.

[44] 刘思宇 . 高校校企合作产教融合机制探讨 [J]. 产业创新研究，2023（2）：193–195.

[45] 安婷婷，吴建设 . 高职院校产教融合实训基地有效性评价：内涵、指标与实施保障 [J]. 职业教育（下旬刊），2023（1）：60–67.

[46] 许克亮，杨配轻，何小军 . 校企协同育人产教融合新模式探索 [J]. 职业，2023（1）：87–90.

[47] 朱海涛 . 产教融合视角下应用型本科院校变革人才培养模式的路径探究 [J]. 成都工业学院学报，2023（1）：86–90.

[48] 蔡雅端，林清阳 . 产教融合背景下高校教育共同体建设策略探讨 [J]. 闽南师范大学学报（哲学社会科学版），2022（4）：123–127.

[49] 杨飞勇，周玉芬，何海华，等 . 协同创新视域下高职院校产教融合策略研究 [J]. 武汉职业技术学院学报，2022（6）：5–9.

[50] 辛海霞 . 产教融合视域下高职院校人才培养创新策略研究 [J]. 科学咨询（科技·管理），2022（12）：181–183.

[51] 刘娜欣 . 产教融合校企协同的育人模式构建策略探究 [J]. 企业改革与管理，2022（22）：102–104.

[52] 陆丽娜 . 职业教育产教融合实训基地建设探究 [J]. 船舶职业教育，2022（6）：7–9.

[53] 李锐，汪小芳 . 高职院校产教融合创新模式研究与实践 [J]. 湖北开放职业学院学报，2022（22）：4–5，9.

[54] 何鹏 . 高职院校产教融合机制探索与实践 [J]. 辽宁高职学报，2022（11）：9–12，28.

[55] 张丽娜，黄羽婷 . 基于产教融合生态视域的校企协同育人对策研究 [J]. 企业改革与管理，2022（21）：71–73.

[56] 伍红军 . 40 年来职业教育"产教融合、校企合作"的阶段性演变 [J]. 职教通讯，2022（11）：41–51.